_____ 님께

비즈니스의 성공을 위한
좋은 지침서가 되길 기원합니다.

_____ 년 _____ 월 _____ 일

나이스 샷!
굿 비즈니스

나이스 샷! 굿 비즈니스

초판 1쇄 인쇄 2008년 10월 27일
초판 1쇄 발행 2008년 11월 10일

지은이_ 김영안
펴낸이_ 전익균

이사_ 송영욱, 임상현
편집장_ 김남희
기획_ 김미화
마케팅_ 오정민 **경영지원**_ 최예란
디자인_ 이호영 **교정, 교열**_ 이미순

찍은곳_ 예림인쇄 **출력**_ 한국커뮤니케이션 **제본**_ 바다제책

펴낸곳_ (주)새빛에듀넷
주소_ 서울 강남구 역삼동 723-28 영빌딩 1, 2층
전화_ 02-3442-4393~4 팩스_ 02-3442-6771
e-mail _ svinvest@hanmail.net 홈페이지_ www.assetclass.co.kr
등록번호_ 제16-4043호 등록일자_ 2006. 11. 28

값 11,000원

ISBN 978-89-92873-30-7 (03320)

*잘못 만들어진 책은 구입하신 곳에서 바꾸어 드립니다.

나이스 샷!
굿 비즈니스

Nice Shot! Good Business

김영안 지음

차례

서문 ··· 6
들어가기 전에 ··· 10
프롤로그 클럽하우스에서 ························· 18

1 ROUND 기(起) 분위기를 띄워라

1번 홀 골프는 첫 홀이 승부를 가른다 ···························· 25
2번 홀 골프는 정반대의 게임(Game of opposite)이다 ········ 37
3번 홀 골프는 페널티(Penalty)가 있다 ···························· 45
4번 홀 골프는 템포(Tempo)가 중요하다 ························· 57
〈그늘집 특강〉 골프에서 배우는 경영 : 관계(Relation) ······ 67

2 ROUND 승(承) 페이스(Pace)를 찾아라

5번 홀 골프는 도전의 연속이다 ···································· 75
6번 홀 골프는 심판이 없다 ·· 87
7번 홀 골프는 뿌린 대로 거둔다 ··································· 99
8번 홀 골프는 전략이 필요하다 ··································· 111
9번 홀 골프는 핸디캡(Handicap)이 있다 ······················· 119
〈그늘집 특강〉 골프에서 배우는 경영 : 선택(Choice) ······ 125

3 ROUND 전(轉) 기선을 잡아라

- 10번 홀 골프는 흐름을 읽어내야 한다 — 133
- 11번 홀 골프는 새옹지마(塞翁之馬)다 — 143
- 12번 홀 골프는 자신과의 싸움이다 — 151
- 13번 홀 골프는 자신감이 승리를 부른다 — 161
- 14번 홀 골프는 정중동(靜中動)의 스포츠다 — 173
- 〈그늘집 특강〉 골프에서 배우는 경영 : 정직(Honesty) — 183

4 ROUND 결(結) 깔끔하게 마무리하라

- 15번 홀 골프는 실수를 줄이는 것이 중요하다 — 191
- 16번 홀 골프는 리듬(Rhythm)을 제대로 살려야 한다 — 199
- 17번 홀 골프는 멘탈 게임(Mental game)이다 — 211
- 18번 홀 골프는 한 편의 드라마다 — 221
- 〈그늘집 특강〉 골프에서 배우는 경영 : 균형(Balance) — 234

에필로그 19번 홀에서 – 뒤풀이 — 238

서문

　1989년 47개였던 골프장이, 2007년에는 회원제 175개, 퍼브릭 102개로 늘어 모두 277개가 되었고, 골프장 내장객도 320만 명에서 2,234만 명으로 늘었다. 또한, 2008년 대한골프협회와 골프산업연구소가 공동 조사한 '한국의 골프 지표 조사'에 의하면, 20세 이상 남녀 중 9.6%가 골프를 해봤다고 했다.

　이를 전체 인구에 확산했을 때 국내 골프 인구는 275만 명으로 추산된다. 골프 참여 인구 중 남자는 85.8%이고 여자는 14.2%로 나타났으며, 연령대는 40대가 30.2%, 30대가 21.8%, 50대가 18.4% 순으로 나타났다. 이는 골프가 이제는 귀족 스포츠가 아니고 점차 대중화되며, 즐기는 연령층도 점차 낮아지고 있다는 것을 의미한다.

　정보와 변화가 넘치는 세상에서 여유와 마음의 평화를 유지하는 일은 매우 중요하다. 스트레스가 쌓여 있다면 최선의 실력을 발휘하고 일상을 즐기기란 불가능할 것이기 때문이다.

　특히, 비즈니스를 유지, 발전시키는 데 있어서 인간관계는 매우 중요한 가치를 가진다. 그래서 비즈니스의 지속적인 성장을 위해 인간관계는 항상 개선되고 확대되어야 한다.

그러한 인맥을 형성하고 발전시키는 데 있어 골프는 다른 무엇보다 훌륭한 도구이다. 미국 조사에 의하면, 기업 CEO의 98%가 골프를 치는 것으로 나타났다. 국내에서도 한 신문사에서 144명 기업가를 대상으로 한 조사결과, 응답자의 28%가 '매우 효과적', 나머지 72%가 '효과적'이라고 답했다.

이처럼 사업가에게 골프는 긴장을 풀어 주는 운동이라고들 한다. 골프를 통해서 중요한 거래가 이루어지는가 하면 서로의 신뢰관계를 확인하는 기회이기도 하다. 이제 골프는 단지 스포츠로만이 아니고 비즈니스의 도구로 자리잡아가고 있다.

흔히 골프를 치러 갈 때 필느(Field)에 간다고 한다. 마찬가지로 경영현장 역시 필드라고 한다. 필드에는 두 가지 공식이 있는데, 하나는 뿌린 만큼 거둔다는 것과 다른 하나는 콩 심은 데 콩 나고 팥 심은 데 팥 난다는 것이다.

비즈니스 이상의 중요한 무엇이 숨어 있는 '야외 사무실'에서 '사람 게임'에 관한 규칙을 확실하게 이해할 필요가 있다. 거래처 사람들, 직장 동료들, 친구들, 고객들 그리고 여러 분야의 사람들과 골프를 하는 것은 인간관계 형성, 정보 입수, 거래 성사 그리고 사람들과 교제하는 중요한 방법이다.

골프를 통해 비즈니스나 인간관계에서 성공하기 위해서는 먼저 해야 할 숙제를 끝마치고, 빈틈없이 게임 계획을 잡고, 시간과 장소를 정하기 위해 전화를 걸고, 그 전날 저녁에는 알맞게 준비를 갖추어야 한다.

필드에 도착해서는 좋은 첫인상을 주고, 능숙한 호스트가 되고, 예의 바른 손님이 되고, 라운드가 있기 전 연습을 하는 동안 상대방의 마음을 열 수 있는 비결을 알아야 하고, 너무 지나치게 승부욕에 사로잡히지 않도록 주의해야 한다. 그리고 플레이에 들어가기 전 잠시 동안의 휴식에서 인용할 만한 적절한 유머도 준비해야 한다.

이 책은 프로 골퍼가 쓴 골프 기술에 대한 교습서가 아니다. 골프 우화를 통해서 배우는 경영 이야기이며, 인생 이야기이다. '혹시나' 하고 나갔다가 '역시나' 하고 돌아오는 주말 골퍼인 바로 당신의 이야기인 것이다. 주말 비즈니스 골퍼에게 이 책을 바친다.

태평양이 보이는 석산재에서
김 영 안

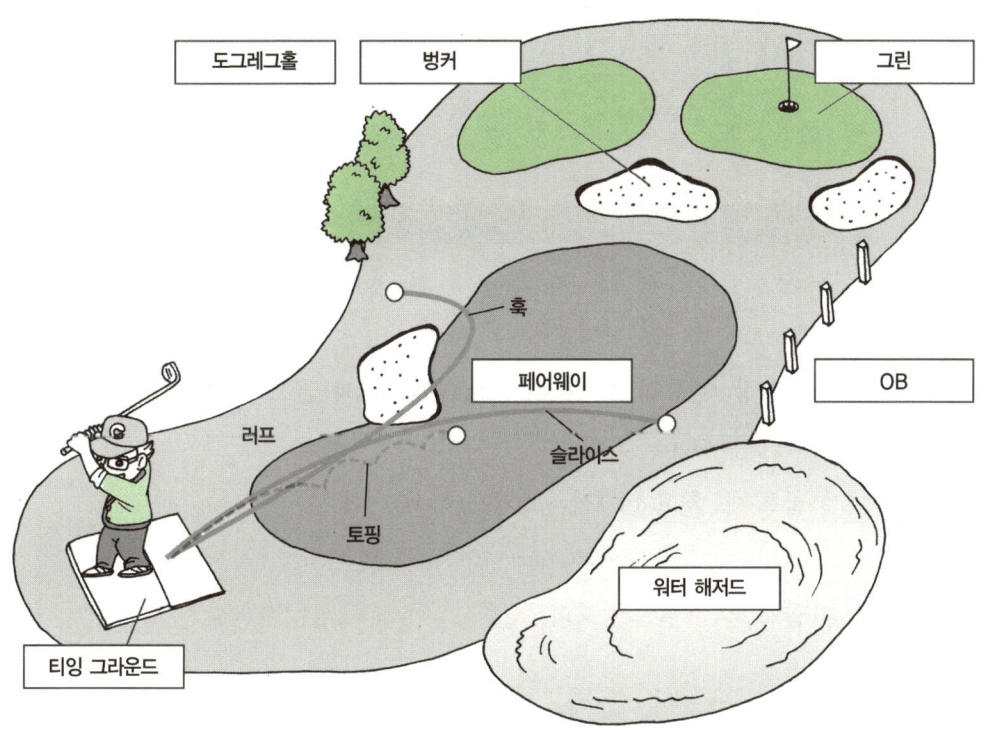

들어가기 전에

골프 기본 상식

■ 클럽(Club)의 세 가지 의미

① 골프장 : 컨트리 클럽(CC; Country Club)과 골프 클럽(GC; Golf Club)

② 골프 채 : 최고 14개까지로 우드(Wood) 3개, 아이언(Iron) 9~10개, 그리고 퍼터(Putter) 1개로 구성한다.

③ 골프 모임 : 골프 동호회

■ 골프 코스

총 18개 홀(Hole)로 구성되어 있고 파 3홀이 4개, 파 4홀이 10개, 파 5홀이 4개이다.

골프 규칙에 의하면 각 홀의 거리는 파 3홀은 229m 이하, 파 4홀은 230~430m, 그리고 파 5홀은 431m 이상으로 정해 놓고 있다. 하나의 홀은 티잉 그라운드(Teeing ground), 스루 더 그린(Through the green), 그리고 그린(Green)으로 구성되어 있으며, 스루 더 그린은 페어웨이(Fairway), 퍼스트 컷(First cut), 러프(Ruff), 해저드(Hazard)로 구성되어 있다. 그린에는 홀(Hole)이 있다.

■ 클럽하우스(Club house)

골프장에 건립된 건물로 탈의실인 라커 룸(Locker room), 샤워장, 식당, 휴게실, 그리고 용품을 파는 프로 샵(Pro-shop) 등이 완비되어 있다.

■ 구성원

골프 클럽 회원인 멤버(Member)와 초청손님인 게스트(Guest) 등 4명이 1개 조로 플레이를 한다. 경기 도우미인 캐디(Caddie)가 진행을 도와준다.

■ 점수(Score)

- 파(Par) : 기준타수를 친 경우
- 버디(Birdie) : 기준타수보다 1타 덜 친 경우
- 이글(Eagle) : 기준타수보다 2타를 덜 친 경우
- 알바트로스(Albatross) : 기준타수보다 3타를 덜 친 경우
- 보기(Bogey) : 기준타수보다 1타를 더 친 경우
- 더블보기(Double Bogey) : 기준타수보다 2타를 더 친 경우
- 트리플(Triple) : 기준타수보다 3타를 더 친 경우

- 쿼드러플(Quadruple) : 기준타수보다 4타를 더 친 경우
- 더블 파(Double Par) : 기준타수보다 2배를 더 친 경우

■ 공의 구질(球質)

- 슬라이스(Slice) : 공이 오른쪽으로 심하게 휘는 실패 구
- 훅(Hook) : 공이 왼쪽으로 심하게 휘는 실패 구
- 드로우(Draw) : 공이 직선으로 날아가 마지막에 왼쪽으로 구르는 정상 구
- 페이드(Fade) : 공이 직선으로 날아가 마지막에 오른쪽으로 구르는 정상 구
- 토핑(Topping) : 공의 머리를 때려 구르는 공. 속어로 '쪼로'라고 함.
- 더프(Duff) : 뒤 땅을 때려 멀리 가지 않는 공

■ 어드레스(Address)

볼을 치기 위해 발을 제 위치에 놓고서 클럽을 잡고, 헤드를 지면에 올려 놓은 상태이다.

■ 어드바이스(Advice)

플레이어가 플레이의 결단, 클럽의 선택 또는 스트로크의 방법에 영향을 주는 조언이나 시사를 말한다.

■ 해저드(Hazard)

모든 벙커 또는 워터 해저드를 말한다. 특히, 워터 해저드(Water hazard)는 모든 수역을 말하며 황색 말뚝 또는 선으로 한계를 표시한다.

■ 홀(Hole)

홀의 지름은 108밀리미터(4.25인치)이고, 그 깊이는 100밀리미터(4.0인치) 이상이어야 한다.

■ 오너(Honor)

티잉 그라운드에서 먼저 플레이 할 수 있는 권리를 부여받은 것을 '오너' 받았다고 한다. 보통 앞 홀에서 타수가 적은 사람이 다음 홀의 오너가 된다.

■ 아웃 오브 바운드(Out of Bounds)

흔히 말하는 OB로, 플레이가 금지된 구역이다. 말뚝이나 울타리를 기준으로, 말뚝이나 울타리를 넘은 장소로 표시되어 있을 때에는 아웃 오브 바운드의 선이 말뚝이나 울타리의 지주를 포함하지 않은 기둥의 지면에 접한 가장 가까운 안쪽 점에 의해 결정된다.

■ 벌타(Penalty Stroke)

규칙에 따라 플레이어 또는 사이드의 스코어에 부가되는 스트로크를 말한다.

■ 핸디캡(Handicap)

골퍼의 실력을 알 수 있다. 골프장의 파가 72인데, 그 파 72에서 골퍼가 평균적으로 더 치는 타수를 말한다. 즉, 핸디캡이 15라면 평균적으로 87(72+15)를 친다는 뜻으로, 핸디캡이 18 이하이면 괜찮게 치는 사람이고, 10 이하이면 아주 잘 치는 사람이라 할 수 있다.

특히, 한 자리로 치는 싱글 핸디캡은 모든 골퍼들의 선망의 대상이다.

등장 인물

김석산 상무

그는 명문대를 나와 금융기관에 취직해서 현재 상무로 근무하고 있는데, 분위기 메이커 역할을 할 줄 아는 유쾌한 사람이다.

김 상무는 아주 잘생긴 미남으로 금융인답게 사교성이 좋다. 골프 실력은 보기 플레이어(Bogey player)지만 성적이 들쑥날쑥한다.

박영두 회장

자수성가한 중소기업의 회장으로, 입지적인 인물이다. 오로지 뚝심 하나로 지금의 화영기업을 일구어냈다. 최근 전문 경영인을 영입해 일선에서 물러난 후 한가롭게 골프를 즐기고 있다.

박 회장은 작은 키에 얼굴이 둥근 편이다. 이마가 훤해 아주 좋은 인상을 준다. 20여 년간 골프를 쳤어도 큰 진보가 없으며, 항상 자기 핸디캡(Handicap)을 치는 스테디 골퍼(Steady golfer)다.

최세형 교수

그는 잘 나가는 경영학과 교수이다. 미국에서 박사학위를 받고 국내 유수 대학에서 스카웃한 수재이다. 최 교수는 전형적인 학자 타입으로 안경을 쓰고 있어 지적으로 보인다. 골프 실력보다는 이론에 해박한 골퍼이다. 승부수를 던지는 것보다 안전한 쪽을 선택한다.

이충상 사장

김 상무의 고교 동창으로 국내 재벌그룹의 컴퓨터 관련 계열사 사장이다. 예의가 바르며 상대를 배려할 줄 안다.

이 사장은 보통 체격의 호남형으로 공격적인 골퍼이다. 골프를 진정한 비즈니스의 장으로 만들 줄 아는 현명한 사람이다.

골프는 자신의 기량을 갈고 닦는 운동이지만 혼자서 할 수 있는 운동이 아니다. 따라서 좋은 골프 친구는 실력 향상뿐만 아니라 마음의 여유와 기쁨을 준다.

이번 경기의 플레이어들이 각자의 개성에 따라 각 홀에서 보여주는 경기모습이 관전 포인트이다.

골프를 잘 치기 위해서는 마인드 컨트롤이 필요한데, 이것은 평소의 성격과도 관련이 깊다. 우선, 침착해야 한다. OB가 나거나 볼이 벙커에 들어가도 흥분하지 않고 침착하게 상황을 풀어나가야 한다. 일부 다혈질인 골퍼들은 남탓을 하여 일을 크게 망치기도 한다.

또한, 외유내강의 모습으로 겉으론 차분하지만, 속으로 강도 높은 집중력을 가지고 독하게 경기에 임해야 한다. 그리고 비가 온다든지 주변 상황이 안 좋아지더라도 서두르지 않고 여유를 가질 수 있어야 한다. 골프는 18홀을 거치는 경기이므로, 이번 홀이 아니면 다음 홀에서 만회하겠다는 침착성과 여유가 필요하다.

마지막으로 승부를 위해서 필요한 것은 배짱이다. 그간의 연습을 믿고, 자신을 믿고 과감하게 플레이 하는 골퍼는 승자가 될 수 있다.

이제부터 4명이 펼치는 비즈니스 골프 게임을 즐겨 보자.

프롤로그

클럽하우스에서

따르릉~

"박영두 회장님, 다음 주 토요일 9시 12분 마운틴 코스(Mountain Course)입니다."

오늘도 김석산 상무의 하루 일정은 무척 바쁘다. 하지만 골프 약속을 확인하는 일만큼은 아무리 바빠도 직접 한다. 다른 연락은 여직원을 시키지만, 골프와 관련된 일은 스스로 챙겨서 전화하며 상대방의 근황도 알아본다.

"김 상무님이시군요. 네, 잘 알았습니다. 다음 주에 거기서 뵙겠습니다. 고맙습니다."

박 회장은 흐뭇해 하며 전화를 받는다.

김 상무는 박 회장과의 전화를 끊자마자 다른 곳으로 전화를 한다. 다음 주 부킹(Booking) 시간과 장소를 알려주고 동반자들에게 일일이 확약을 받기 위함이다.

"최세형 교수님, 이번 주 토요일 7시 30분까지 제가 모시러 가겠습니다."

"아니, 내 차로 가도 되는데…."

"괜찮습니다. 바로 옆 동네인데 굳이 두 차로 갈 필요가 있나요. 기름도 안 나는 나라에서."

"매번 신세만 지네요. 그럼, 그날 만나죠."

김 상무는 최 교수가 두 살이 많은 대학 선배라서 깍듯하게 모시고 있으며, 최 교수도 이런 김 상무의 호의를 고맙게 여기고 있다.

또 다른 한 명인 고교동창 이충상 사장에게는 이미 연락을 했으니, 이렇게 이번 주 골프 연락을 모두 마쳤다. 그리고 김 상무는 또다시 여직원에게 그 다음 주 부킹을 지시한다.

"티 오프(Tee off) 시간이 나오면 바로 핸드폰으로 연락 줘요. 그러면 나는 현장으로 나갑니다."

김 상무에게는 매주 골프 약속을 확인하는 것이 어느새 일상이 되어 버렸다.

삐~삐~

자명종이 울렸다. 토요일 아침 6시 30분이다. 평소에도 일어나는 시간이지만 실수를 하지 않기 위해 어제 잠자리에 들 때 자명종을 맞추어 놓았다.

골프를 좋아하고 잘하는 사람이라면 누구나 골프에 미쳐 산 적이 있을 것이다. 김 상무 역시 신기하게도 골프에 미치는 순간부터 생활방식이 확 달라졌다. 아침마다 아내가 성화를 하며 깨워도 일어나지 못하던 사람이, 이제는 새벽마다 벌떡벌떡 일어나 골프 연습장에 간다.

그리고 운동이라고는 숨쉬기 운동과 술잔 꺾는 손목 운동만 하던 사람이, 체력을 보강하기 위해 아침마다 조깅을 한다. 어디 그뿐인가. 손아귀 힘을 키운다고 일하면서도 틈틈이 악력운동을 하고, 하체 단련을 위해 엘리베이터를 타지 않고 계단을 오르기도 한다. 지금도 골프 약속이 잡히면 며칠 전부터 마치 소풍날 받아 놓은 아이처럼 설레인다.

새벽에 일어나 몇 시간 운전해 가서 5~6시간 라운드를 하고 다시 밤늦게 돌아와도 지치기는커녕 활력이 넘쳤다. 이처럼 김 상무에게 골프는 큰 기쁨이 되고 있다.

김 상무는 같은 서초구에 사는 최 교수를 모시러 가기 위해 서둘러 집을 나섰다.

8시 30분, 골프장 클럽하우스.

이충상 사장이 먼저 와서 기다리고 있었다. 이 사장은 일찌감치 집을 나서 티 오프 한 시간 전에 골프장에 도착했다. 시간 약속 철저하기로 소문난 박 회장도 이미 와 있었다. 김 상무와 최 교수가 라커 룸에서 부리나케 옷을 갈아입고, 밝은 얼굴로 클럽하우스로 들어왔다.

네 사람은 서로 반갑게 인사를 나누었다.

"김 상무님은 여전하십니다. 항상 활기차시고."

박 회장이 김 상무에게 인사를 건넸다.

"박 회장님, 이쪽은 이충상입니다. 제 대학 동창이고 현재 일성그룹의 계열사 사장입니다."

김 상무가 처음 만나는 이 사장을 박 회장에게 소개했다.

"아, 그러세요. 박영두입니다. 말씀 많이 들었습니다."

"예, 반갑습니다. 이충상입니다. 저도 말씀 많이 들었습니다. 만나 뵈니 훨씬 젊어 보이시네요."

"허허, 김 상무가 나를 노인네 취급한 모양이군요."

초면인 두 사람의 소개가 끝나자, 각자 인사를 나누었다.

"오래만입니다. 최 교수님, 사무실에서는 못 뵙고 필드에서 뵙네요."

최 교수는 박 회장의 회사의 경영자문을 맡고 있다.

"건강하시죠, 박 회장님."

최 교수는 멋쩍게 인사를 했다.

"최 교수님도 잘 지내셨지요?"

이 사장이 최 교수에게 인사를 했다.

"어, 누구시라고, 이 사장이군요. 반갑습니다."

최 교수와 이 사장은 이미 알고 있는 사이였다. 서로 간단한 인사를 마치고 아침식사를 했다. 식사를 마친 후 커피 한 잔 마시고 있는데 방송에서 호출을 했다.

"마운틴 코스 9시 12분 팀 나와 주십시오. 즐거운 라운드 되세요."

네 사람은 모자를 챙겨 쓰고 마운틴 코스로 나갔다.

골프는 다른 운동과 마찬가지로 경기장 안에서 하는 운동이지만, 그 규모는 단순히 경기장이라고 할 수 없을 정도로 방대하며, 여러 홀의 구조를 살펴보면 자연을 그대로 들여다 놓은 것과 같다.

이제 이들의 자연 속 여정이 시작된다.

BUSINESS

1 ROUND

분위기를 띄워라

1번 홀. 골프는 첫 홀이 승부를 가른다
2번 홀. 골프는 정반대의 게임(Game of opposite)이다
3번 홀. 골프는 페널티(Penalty)가 있다
4번 홀. 골프는 템포(Tempo)가 중요하다

골프의 정신

다른 스포츠는 심판에 의해 경기가 이루어지는 것이 대부분이다.
하지만 골프는 대부분 자기 혼자서 경기를 하고 모르는 룰에 대해서만 경기위원의 도움을 받아서 경기를 풀어가는 신사의 스포츠이다. 골프는 룰의 범위 안에서 남을 배려하는 골퍼 자신의 인간으로써의 됨됨이 바탕 위에서 플레이 되는 경기이다. 모든 골퍼는 자신을 절제하고 예의범절에 기초를 둔 스포츠 정신을 기초로 하여 다른 경기자와 함께 플레이를 하여야 한다.

골프 안전 수칙

연습 스윙을 하거나 볼을 치기 위하여 스윙을 할 때 주위에 사람이 있는지 없는지를 살피고 안전사고가 나지 않도록 극도로 신경을 써야 한다. 앞 팀의 사람들이 안전거리까지 도달하지 않은 상황에서는 볼을 치지 말아야 한다. 코스 관리를 위해 코스에서 작업하고 있는 사람들에게 샷을 하기 전에 경고를 하여서 부상의 위험을 없애야 한다.
미스 샷이 나와서 볼이 본인이 생각하는 방향과 다른 방향으로 날아가서 다른 사람들 쪽으로 향하는 경우에는 반드시 '포어(fore)' 라고 소리를 쳐서 위험을 알려야 한다.

(자료 : USGA 룰)

1번 홀

골프는 첫 홀이 승부를 가른다

> 골프란 아주 작은 볼을 아주 작은 구멍에, 아주 부적합한 채로 쳐 넣는 게임이다.
> – 윈스턴 처칠

네 사람은 시원한 바람이 부는 상쾌한 필느(Field)로 나갔다. 김 상무노 오랜만에 끌프를 나왔다. 그동안 운동을 하지 못해 근질근질했었다. 모두들 가벼운 스트레칭을 하며 충분히 몸풀기를 했다. 골프를 하기 전에 하는 스트레칭은 굿 샷과 부상 방지를 위한 필수요소이다. 라운드 전 몸을 풀어 주는 시간은 30분 정도가 적당하다. 너무 길어도 집중력이 떨어질 수 있다.

"골프는 이런 맛에 치는 게지."

김 상무는 힘차게 연습 스윙(Swing)을 했다. 누군가가 골프(GOLF)란 "그린(Green) 초원에서 산소(Oxygen)를 마시며 햇빛(Light)을 받아 신선함(Fresh)을 만끽하는 운동"이라고 했다. 조금 억지 같지만 그 말뜻은 맞는 것 같았다. 아직도 공기는 차지만 시원한 바람과 푸른 하늘 그리고 초록빛 골프장이 어우러진 한 폭의 그림과 같았다.

골프와 비즈니스는 정말 비슷한 점이 많다. 특히, 계획적으로 목표를 세우고 투자할수록 더 좋은 결과를 얻는다는 점이 닮았다. 그리고 그 시작이야말로 아주 중요한 순간이다.

그럼, 골프에서 첫 홀이란 무엇인가? 첫 홀은 그날의 게임 방향을 거의 결정짓는다고 해도 과언이 아니다.

"한동안 운동을 못했더니 몸이 찌뿌둥하네요."

김 상무가 1번 우드(Wood)인 드라이버(Driver)를 힘차게 휘두르면서 연습 스윙을 하고 있는데, 최 교수가 말을 걸어 왔다.

"어! 김 상무님, 신병기를 장만하셨네요."

"아! 이거요. 큰맘 먹고 하나 장만했지요. 최신형인데 슬라이스(Slice)가 덜 난다고 해서요."

골퍼에게 있어서 골프채인 클럽(Club)은 무사에게 있어서 칼과 같은 것이다. 골퍼들은 항상 남의 것이 좋아 보이고, 새로 나온 것은 더 좋아 보이고, 막상 바꾸고 보면 처음엔 잘되는 듯 싶다가도 다시 애를 먹여서 또다시 다른 새 것을 찾게 된다.

"새로운 것, 비싸다고 모두 좋은 것은 아니지요. 쓰면 쓸수록 안심감(安心感)을 주는 클럽이 가장 잘 맞는 골프 클럽이지요. 그래서 저는 조강지처를 모시고 삽니다."

최 교수는 감나무로 만든 구형 퍼시몬(Persimmon) 드라이버를 꺼냈다. 게임을 시작하기 전부터 견제가 이만저만이 아니다.

"그래, 동계훈련은 좀 하셨습니까?"

이 사장은 아이언(Iron) 2개를 한꺼번에 쥐고 휘두르면서 맞장구를 쳤다. 반면에 박 회장은 조용히 클럽을 챙기기만 했다. 박 회장은 항상 말이 없고 조용히 라운드에만 열중한다. 골프를 좋아하지만 과묵한 성격 때문에 골프 친구가 적어 항상 외톨이 신세이다. 매번 김 상무가 주선해 주어야만 필드에 나올 수 있을 정도이다. 오늘 모임도 김 상무가 주선했다.

"박 회장님, 동계 훈련을 좀 하셨나요?"

김 상무가 분위기를 맞추려고 말을 건네 보지만 박 회장은 씩 하고 웃을 뿐 묵묵부답이었다.

경기 도우미인 캐디(Caddie)가 와서 다정하게 인사를 한다.

"저는 오늘 경기를 도와 드릴 경기 도우미 윤미라입니다. 첫 홀은 파 4홀로 400m입니다. 오늘 우(右) 그린(Green)을 사용하고 핀(pin)의 위치는 빨간 깃발이 앞 핀, 노란 깃발이 중간 핀, 흰 깃발이 뒷 핀이 되겠습니다. 즐거운 플레이가 되도록 최선을 다하겠습니다."

통상 그린은 하나여야만 한다. 하지만 우리나라에서는 그린 보호도 할 겸 코스의 변화도 줄 겸 그린을 2개 만든 골프장이 많다. 그린이 좌우로 2개가 있는데, 그날의 그린 상태에 따라 사용한다. 캐디의 자세한 설명이 끝나자 김 상무가 농담을 했다.

"오늘 캐디 아가씨가 미인이라 점수가 잘 나오겠구먼."

"미라 씨, 우리가 잘 부탁해요."

박 회장이 점잖게 웃으며 화답을 했다. 그리고는 순서를 정하는 제비뽑기를 가져와 순서를 정했다. 첫 번째를 뽑은 사람은 박 회장이었다.

"오늘 이게 처음이자 마지막 오너(Honor)인가 보네."

골프에서는 제일 먼저 치는 것을 영예롭게 생각해서 오너라고 부른다. 두 번째는 김 상무, 세 번째는 최 교수, 마지막이 이 사장 순이었다. 본격적인 골프 시즌을 알리는 첫 타석인 셈이다.

"잠깐, 오늘의 공인구(公認球)를 지급하겠습니다."

김 상무는 항상 같이 라운드 하는 사람한테 작은 선물을 주는 습관이 있는데, 미리 준비해 온 공을 꺼냈다. 회사에서 만든 판촉용 공으로, 최근 많이 사용하는 'Titleist Pro V1' 이다.

첫 번째 홀은 392m로 흔히 미들(Middle) 홀이라는 파 4홀치고는 제법 긴 홀이다. 박 회장이 첫 주자가 되어 티잉 그라운드(Teeing ground)로 올라가 연습 스윙도 없이 첫 샷을 날렸다.

"나이스 샷(Nice Shot)!"

모두들 첫 샷에 찬사를 보냈지만 박 회장은 별다른 반응 없이 그냥 티잉 그라운드를 내려 왔다. 다음은 순서대로 김 상무가 티잉 그라운드에 올라갔다.

첫 번째 티 샷에서 피할 수 없는 것이 있다. 바로 두려움과의 싸움이다. 대부분 첫 홀은 구경꾼 즉, 갤러리(Gallery)들이 많아 남의 시선을 의식하게 된다. 그리고 미처 몸이 풀리지 않은 상태라서 두려움이 생긴다.

모든 사람이 지켜보는 가운데 첫 스윙을 한다는 것은 그 자체가 엄청난 스트레스다. 그래서 항상 첫 홀은 온몸에 털이 솟는 듯한 기분이 든다. 하지만 두려움을 인정하고 원대한 시각에서 받아들인다면 샷을 하기 전에 두려움의 영향에서 깨끗이 벗어날 수 있다.

김 상무는 나름대로 이런 압박을 견디는 비법을 가지고 있었다. 먼저 크게 심호흡을 했다. 그리고는 자기 최면을 거는 것이다.

"천천히, 낮게, 그리고 7할로 쳐라!"

김 상무는 이 주문을 속으로 한 번 중얼거리고 스윙을 했다. 김 상무의 드라이버는 공을 치고 부드럽게 나갔다. 첫 샷치고는 잘 맞아서 페어웨이(Fairway) 중앙에 떨어졌다. 페어웨이는 각 홀마다 있는 잘 다듬어진 길로, 잔디의 길이가 짧아서 공을 쉽게 칠 수 있는 지점이다. 보다 편안한 골프 여정을 위해 모든 골퍼들이 지향하는 곳이다.

"나이스 샷! 김 상무님은 겨우내 칼만 갈았구먼요."

바로 최 교수의 견제가 들어왔다.

"아닙니다. 어쩌다 실수해서 맞은 것인데 다행히 페어웨이 가운데로 갔네요."

서로 칭찬과 견제로 응수하며 첫 샷을 마쳤다. 골프 모임이 힘차게 출발한 것이다.

시작이 반이라는 말처럼 골프에서 첫 홀, 첫 샷이 그날의 성적을 좌우한다. 네 사람 모두 첫 샷이 그런대로 잘 나가서 기분 좋게 페어웨이로 걸어나갔다.

페어웨이에 안착한 네 사람은 차례로 두 번째 샷을 준비했다. 골프는 그린에서 먼 순서대로 치도록 되어 있다. 안전상 이유도 있지만 진행을 위해서도 그렇다. 네 사람은 직접 그린을 공략할 생각이다.

그린에 있는 홀은 겨우 10온스(Ounce)의 공간에 불과하지만, 골프에서는 없어서는 안 되는 그야말로 성스러운 영역이다. 골프의 목적은 가능한 한 빨리 이 허무의 구멍(홀)에 도달하는 것이며, 되도록 우아함과 위엄을 갖추고 자연 속으로 빠지는 것이다.

"미라 씨, 거리가 얼마 남았지? 그리고 미터야, 야드(Yard)야?"

박 회장이 남은 거리를 캐디에게 물었다. 골프장의 거리는 원래 야드로 표시하나 최근에 미터법을 도입하게 되어 미터로 수정을 했다. 하지만 아직도 미터와 야드를 혼용해 쓰고 있다.

"아? 네. 저희는 미터입니다. 회장님은 170m 정도 남았네요. 저기 보이시는 작은 나무가 135미터를 나타내는 거리 목(木)입니다."

캐디는 박 회장의 공 앞쪽에 보이는 작은 나무를 가리키며 말했다. 90m, 135m, 180m 지점에 향나무를 심어 놓아 거리를 가늠하게 했다. 이 나무들을 거리 목 또는 야드 목이라고 부른다.

박 회장의 두 번째 샷은 조금 짧아 그린 앞에 떨어졌고, 최 교수는 그린을 넘겼다. 김 상무 역시 그린 앞에 떨어졌고, 이 사장 혼자만 그린에 올렸는데 왼쪽 끝에 겨우 걸렸다. 홀과 멀리 떨어져 있는 모양이 제주도처럼 멀리 떨어졌다고 해서 '제주도 온(on)'이라 부른다.

최 교수가 어프로치 샷(Approach shot)으로 절묘하게 홀 근처 1m 거리에 붙였다. 박 회장의 샷은 오르막이라 홀 2m 앞에 공이 멎었다. 그린 밖에서 어프로치로 홀을 노린 김 상무도 아직 몸이 안 풀린 탓으로 뒤땅을 쳤다.

골프는 타수를 경쟁하는 타깃(Target) 게임이다. 1개라도 적은 타수로 홀에 공을 집어 넣는 운동이다. 라운드를 시작하면서 골퍼들이 가장 세심하게 신경을 써야 할 것은 무엇일까?

대부분 골퍼들은 단연 '첫 홀 티샷'이라고 대답할 것이다. 맞는 말이

다. 그러나 그보다는 더 라운드의 사활을 좌우하는 부분이 있다. 바로 '첫 홀 퍼팅'이다.

그래서 네 사람은 매우 신중하게 퍼팅을 했다. 이 사장이 먼 거리 퍼팅(Putting)을 위해 그린 위를 이리저리 왔다갔다 하면서 그린의 높낮이와 거리를 살폈다. 그런데 이 사장이 첫 퍼팅이라 너무 긴장한 나머지 뒤 땅을 치는 바람에 공은 멀리 가지 못하고 그린 중간에 멈췄다.

"허, 참! 퍼팅도 뒤 땅을 다 때리네."

이 사장은 어이가 없는 듯 헛웃음을 지었다. 다음 퍼팅은 1m 거리에 붙었다. 3m 거리를 김 상무가 신중하게 퍼팅을 했다. 공이 직선으로 힘차게 굴러가 홀 위쪽을 살짝 스쳐지나가서 섰다.

"아깝습니다."

최 교수는 찬사를 보내면서 한편으로는 다행이다 싶었다.

"아니, 첫 홀부터 겁수기야!"

박 회장도 안도의 숨을 쉬면서 거들었다. 박 회장의 퍼팅은 홀 바로 앞에서 멈췄다. 기준타수보다 한 타를 더 친 보기(Bogey)인 것이다. 비슷한 거리가 남았지만 최 교수가 조금 멀리 있어 먼저 퍼팅을 했다. 약간 내리막인데 과감히 퍼팅을 해 홀 뒤쪽을 맞고 홀 컵 안으로 떨어졌다.

"어휴! 십 년 감수했네."

파(Par)를 한 것이다. 파는 그 홀의 규정타수를 친 것을 말한다. 최 교수는 놀란 가슴을 쓸어 담으며 홀 컵에서 공을 꺼냈다. 마지막 이 사장의 퍼팅은 조금 세서 홀 컵을 돌아나와 바로 앞에 섰다. 역시 아깝게 보기를 했다. 첫 홀은 최 교수는 파, 나머지 세 사람은 보기로 마무리되었다. 이 정도면 시작치고는 괜찮은 편이다.

"모두 파로 적을까요?"

캐디는 조심스럽게 물었다.

"그래, 일파만파라고 하지 않았느냐? 모두 파로 적어드려라."

김 상무가 분위기를 띄우려고 선심을 썼다. 일파만파(一波萬波)라는 한자성어가 골프장에서는 '한 사람이 파를 하면(일Par) 모두 파(만Par)를 한 것으로 기록한다'는 의미로 사용된다.

"그러지 말고 제대로 적읍시다. 그래야 금년 핸디캡 치수도 조정할 수 있지 않겠습니까?"

깐깐한 최 교수가 제동을 걸었다. 규칙대로 하자는 데 반대할 사람은 아무도 없었다.

"미라 씨, 제대로 적으세요. 그리고 0, 1식으로 적지 말고 각자 친 타수를 적어 주세요."

통상 캐디들이 스코어 카드를 기록할 때 계산하기 편하도록 약식으로 규정타 이상의 숫자만 적는다. 즉, 파 4홀에서 파를 하면 0을, 보기를 하면 1로 적곤 한다. 이는 잘못된 방식이다. 규칙에는 실제 친 타수를 적도록 되어 있다. 그래서 원칙주의자인 최 교수가 정확하게 기록할 것을 요구한 것이다.

골프는 기본적으로 원의 경기이다. 라운딩을 하면서 동그란 공을 쳐서 동그란 홀 안에 집어 넣는 경기다. 골프에서는 플레이(Play) 한다기보다는 라운드(Round) 한다고 한다. 라운드는 원을 의미하며, 골프를 한다는 것은 원을 완성하는 것이다. 골프는 살아 있는 원이다. 원은 통합과 온전함의 우주적 상징이다. 이제 막 네 사람 모두 각자의 원의 첫 획을 그은 것이다.

과연 오늘 네 사람은 어떤 원을 그릴 것인지, 그리고 누구의 원이 가장 잘 그려질지 궁금하다. 그리고 골프는 단지 기량을 자랑하려고 하는 게임이 아니며 혼자 하는 게임도 아니다. 동반자와 함께하는 운동이다. 골프라는 매체를 통해 이런 저런 정보를 교환하면서 서로를 알아가는 스포츠인 것이다. 골프에서는 "어떻게 플레이 하느냐"가 아니라 "누구와 하느냐"가 더 중요하다.

Magic tips
골프의 기원

매너가 골프를 만든다.

— 스코틀랜드 속담

골프의 탄생

골프는 B.C 1세기 경 로마시대의 '파가니카'를 효시로 보는 설, 볼로뉴의 유스타스 백작 2세의 조카딸인 모드렌 부인의 남편 데이비스 1세가 1124년 스코틀랜드의 왕위에 올랐을 때 모드렌 부인을 수행한 플란더즈의 귀족들에 의해 도버 해협을 건너 스코틀랜드에 유입됐다는 설이 있다.

반면, 13세기 경 네델란드 지방에서 어린이들이 즐기던 실내경기인 콜프(Kolf)라는 경기가 상인들에 의해 영국으로 건너가 지금의 골프가 되었다는 설, 스코틀랜드 지방에서 양을 치는 목동들의 놀이에서 시작되었다는 설 등이 가장 유력한 설이다.

그러나 비교적 정설로 받아들여지는 것은 스코틀랜드 동해안 지방에 살던 어부들이 고기잡이를 마치고 집으로 돌아가는 길에 심심풀이로 즐기던 놀이에서 비롯되었다고 한다.

하지만 골프가 시작된 시기는 14세기 중엽인 1360년대로 보고 있다. 이는 1457년 스코틀랜드 왕 제임스 2세가 잉글랜드와의 전쟁 중에 국민

들이 전투에 필요한 궁술 훈련보다는 골프에 더 빠져 있어 전투력이 약해지는 것을 염려해 골프금지령을 내렸다는 역사적 기록에서 비롯된 것이다. 그로부터 적어도 100년 전부터 성행한 것이 아닌가 추측되고 있다.

골프공

골프공의 역사를 살펴보면, 처음에는 가죽 표피에 깃털을 채운 페더 볼(feather ball)이었다. 그후 고무수지로 만든 공 거터퍼처 볼(Gutta percha ball)이 나와 1900년대까지 유행을 했다.

1898년에 고무 심을 넣은 공인 하스켈 볼이 탄생했다. 이 하스켈 볼에 자국(Dimple)을 넣은 공이 현대 볼이다.

초창기에는 영국형(英國型) 스몰 볼(small ball)과 미국형(美國型) 라지 볼(large ball), 두 종류가 있었다. 스몰 볼은 직경 41.15mm(1.62인치) 중량 45.93g이고, 라지 볼은 직경 42.67mm(1.68인치) 중량 45.93g이다. 두 볼의 중량과 규격은 똑같은데 다만 직경이 다를 뿐이다. 최근에 국제 공인구로 미국의 라지 볼이 채택되어 스몰 볼은 사라졌다.

공의 고무 심과 표피가 몇 조각으로 구성되어 있느냐에 따라 2피스(two piece), 3피스(three piece), 4피스(Four piece)로 나눈다. 그리고 공에 표시된 숫자가 흑색이면 '콤프레션 100'으로 제일 단단하며 프로나 강

Magic tips

타자용이다.

적색이면 '콤프레션 90'으로 경도는 보통이며 일반 남자 아마추어용이고, 청색 또는 녹색이면 '콤프레션 80'으로 연해서 여자 또는 노인용으로 되어 있다.

2번 홀
골프는 정반대의 게임(Game of opposite)이다

천천히 치면 멀리 나가고, 빨리 치면 짧게 나간다.

– 도널드 뉴어리

2번 홀은 아주 똑바른 파 4홀이며, 거리는 380m로 평이한 코스이다. 1번 홀은 제비뽑기로 순서를 정했지만, 2번 홀부터는 전 홀의 성적으로 순서를 정한다. 제일 잘 친 사람이 오너가 되고, 나머지 사람도 성적순으로 친다. 성적이 같으면 전 홀 순서를 따른다.

첫 홀에서 파를 한 최 교수가 오너가 되어 드라이버를 힘차게 휘둘렀다. 하지만 공은 "톡" 소리를 내고 떼구루루 굴렀다. 토핑(Topping)이 되어 공이 멀리 가지 못하고 겨우 페어웨이에 걸렸다. 토핑은 일본 말로 '쪼로' 라고 하며 공의 머리를 맞춰 멀리 못 가는 실패한 샷이다.

"어째 오늘 초반에 잘 안 풀린다. 조짐이 이상한데? 아니야, 골프는 18홀 게임이야. 까짓것 다음 샷에서 만회하면 되지."

최 교수는 이렇게 마음먹고 티잉 그라운드를 내려 왔다. 세 사람이 같은 성적이지만 전 홀의 오너인 박 회장이 두 번째 샷을 했다. 깃대를 보고 정조준해 드라이버를 힘차게 휘둘렀다.

"딱!"

소리는 경쾌했지만 잘 날아가던 공이 우측으로 휘면서 나무 밑으로 들어가 버렸다. 너무 힘을 주었기 때문에 슬라이스(Slice)가 난 것이다. 슬라이스란 공이 오른쪽으로 휘는 실패한 샷을 말한다. 이것은 골퍼들의 영원한 숙제이다.

앞서 두 사람의 공이 좋지 않게 나가자 김 상무는 크게 숨을 들이마셨다. 숨을 들이마시면 몸의 근육이 긴장하게 되고 스윙 스피드는 줄어들게 된다. 그래서 김 상무는 중요한 샷을 해야 하는 경우, 어드레스를 하기 전에 반드시 코로 숨을 깊게 들이마신 후 잠시 멈춘 다음 아주 천천히 입으로 길게 내뿜는 과정을 두 차례 정도 한다.

그리고 나서 숨을 내뿜은 다음에 천천히 백 스윙(Back swing)을 시작했다. 그렇게 함으로써 긴장이 풀려 심리적으로 안정된 상태에서 부드러운 샷이 나오게 되는 것이다. 김 상무의 공은 페어웨이 한복판에 떨어졌다.

"나이스 샷"

캐디가 힘차게 외쳤다. 마지막 이 사장의 공도 슬라이스가 나서 오른쪽 벙커(Bunker)로 들어갔다. 벙커는 모래 장해물(Sand hazard)이다. 결국 이번 홀에서는 두 사람이 슬라이스가 났다.

누군가가 이런 말을 했다.

"숙제가 없으면 학교생활 할 만하고, 보초 없으면 군대생활 할 만하고, 조루 없으면 성생활 할 만하고, 슬라이스 없으면 골프 할 만하다."

유일하게 페어웨이에 안착한 김 상무는 여유만만하게 걸어가고, 나머지 세 사람은 서둘러 각자의 공이 있는 곳으로 빠르게 걸어갔다. 가장 먼저 최 교수가 두 번째 샷을 했다. 조금 서두르는 바람에 뒤 땅을 때려서 원하는 거리가 나지 않고 그린 60m 전방에 떨어졌다.

박 회장은 나뭇가지를 피해 페어웨이쪽으로 안전하게 쳤다. 이 사장의 벙커 샷은 역시 그린에 턱없이 못 미쳤다. 김 상무만 그린에 올려 놓았다.

골프에서는 실수를 용납하지 않는다. 다른 스포츠에서는 두 번째 기회가 있지만 골프에서는 항상 한 번의 기회만 있을 뿐이다. 대부분의 골퍼들은 모든 공을 원하는 목표로 보내기 위해 우아하고 경쾌하게 샷을 하실 바란다. 그리고 경기 중에 몇 번의 굿 샷을 하지 않았다면 실수한 샷에 그렇게 가슴 아파하지는 않을 텐데…. 그러나 이 몇 번의 굿 샷은 내 몸속 어딘가에 더 훌륭한 샷을 할 수 있다는 확신을 준다. 그래서 골프는 철저하게 자기 자신과의 싸움인 것이다.

그린에 못 올린 세 사람은 어프로치 샷을 했다. 최 교수는 길어서 홀을 한참 지나쳤고, 이 사장은 짧아서 겨우 그린에 올라갔다. 그리고 가장 좋은 위치에 있던 박 회장이 어프로치를 했다. 잔디를 떠난 공은 사뿐히 그린에 떨어지더니 홀을 향해 굴러갔고, 약 90cm 정도 앞에서 멈춰 섰다.

"아이고, 조금만 더 굴러가지."

박 회장은 안타까운 마음에 피칭 웨지(Pitchig wedge)을 다시 한 번 더 휘둘렀다. 그린 위에는 공 4개가 마름모꼴을 하고 있었다. 박 회장은 천천히 그린으로 올라오면서 슬쩍 농담을 건넸다.

"영어하실 줄 모르세요?"

O.K 즉, 기브(Give)를 달라는 뜻이다. 통상 친선 게임에서 퍼터 길이에서 손잡이 부분인 그립(Grip) 부분을 뺀 거리 약 70cm 정도는 1퍼트(one putt)로 인정한다는 의미로 기브를 준다. 결국, "O.K, give."라는 소리를 듣고 싶었던 것이다.

최 교수는 거리가 애매해서 이러지도 저러지도 못하고 고민을 하고 있었다.

"마크 프리즈(Mark, please)."

김 상무가 찡긋 웃으며 영어로 답을 했다. 가장 먼 거리에 있던 김 상무의 퍼팅은 못 미쳤고, 나머지 두 사람도 1퍼트로 해결하지 못했다. 결국 김 상무와 박 회장은 파, 나머지 두 사람은 보기를 했다.

김 상무와 박 회장과 최 교수는 기준타수를 1오버(Over), 이 사장은 두 홀 모두 보기로 2오버가 되었다.

골프는 확실히 상반되는 게임이다. 골프 클럽으로 공을 가격했을 때 발생하는 모든 것이 자신이 생각하는 것과 정반대이기 때문이다.

하려고 하면 안 되고, 피하려 하면 하게 된다. 올려 치려고 하면 토핑이 나오고, 반대로 내려 치려고 하면 공중 볼이 된다. 장타를 치려면 힘을 빼야 하고, 반대로 힘을 주면 비거리는 떨어진다.

마찬가지로 오른쪽으로 휘고 싶지 않으면 마음을 비우고 그쪽으로 샷을 해야 한다. 의식적으로 세게 치면 멀리 나가지도 않으면서 전혀 딴 방향으로 날아간다. 이것이 바로 골프가 우리에게 가르쳐 주는 역설이다.

Magic tips
골프 용어

골프는 주로 두 귀 사이의 6인치 공간에서 하는 게임이다.

− 보비 존즈

어 원

- 티(Tee)

골프공을 받쳐 놓는 도구이다. 초기 골퍼들은 모래나 풀을 손가락으로 작게 tee(집어 올리다)해서 볼을 올려, 거기에서 게임을 시작했다.

- 티잉 그라운드(teeing ground)의 타이거(Tiger) 티와 래빗(Rabbit) 티 제도

힘 좋고 솜씨 있는 골퍼는 '호랑이 티'에서 치고, 솜씨가 그다지 탐탁치 못한 골퍼는 '토끼 티'에서 티 샷을 했다. 이것이 연유가 돼서 백(Back) 티, 프론트(Front) 티, 여기에 다시 레이디(Lady) 티와 노인(Silver)들의 티도 나중에 생겨났다.

- OB tee

일본과 한국에서만 있는 티잉 그라운드로, OB가 난 경우 티잉 그라운드에 돌아가서 다시 치는 것을 대신해 중간 OB Tee를 만들어 놓고 제4타째를 치게 하는 것이다.

- 홀인원(Hole-in-one)

'Hole made in one stroke'에서 유래했다.

잘못된 표현

• 기브(Give)는 일본식 영어다. 스트로크 플레이(Stroke play)에서는 기브가 없다. 다만 매치 플레이(Match play)에서 이미 승부가 난 상태에서 상대에게 주는 기브를 컨시드(Concede)라 한다.

• '버디 찬스(Birdie chance)'도 잘못된 표현이고 '버디 트라이(Birdie try)'가 국제적으로 통용된다.

• '원 온(one on)'이란 말은 잘못된 표현이다. 정규 그린 온을 'green in regulation'이라고 하며, 파 4홀에서는 두 번만에 그린에 올리는 것을, 파 5홀에서는 세 번만에 그린에 올리는 것을 말한다.

• '원 퍼트(one putt)'는 일본식 영어이며 '원 스트로크(one stroke)'가 옳다.

• '싱글(Single)'이 아니고 '로 핸디캡 골퍼(Low handicap golfer)'가 정확한 표현이다.

• 앞 팀에게 공을 주의하라고 소리치는 말은 '볼(Ball)!'이 아니고 '포(Fore)!'이다. 영국군 포병이 포를 쏘기 전에 앞서 나가고 있는 보병에게 'Beware fore!' 하는 것을 줄인 것이다.

• 롱 홀, 미들 홀, 쇼트 홀은 일본식 표현이고, 파 5홀, 파 4홀, 파 3홀이 옳은 표현이다.

Magic tips

- '티 그라운드'는 잘못된 표현이고 '티잉 그라운드'가 정식 명칭이며, 줄여서 '티'만으로도 사용된다.

3번 홀
골프는 페널티(Penalty)가 있다

골프는 한 번에 조금씩만 배울 수 있는 운동이다.

– 하비 페닉

세 번째 홀은 쇼트 홀(Short hole)이라고 불리는 파 3홀이나. 거리는 125m로 길지 않은 홀이다. 하지만 앞에는 작은 개울이 있고, 뒤로는 내리막으로 홀의 경계 표시인 OB(Out of Bounds) 말뚝이 꽂혀 있으며, 좌우에 벙커가 입을 벌리고 있는 까다로운 홀이다.

오너인 김 상무가 5번 아이언을 들고 티잉 그라운드에 올라갔다.

"김 상무, 너 집중 훈련 좀 했구나?"

연속 보기를 한 이 사장이 김 상무의 속을 긁었다. 상대의 페이스(Pace)를 흔들기 위한 작전이다. 김 상무는 이러한 견제의 말에 개의치 않고 대꾸를 했다.

"야, 이 친구야! 요즘 업무로 너무 바빴는데 연습은 무슨 연습이냐? 이렇게 필드에 나와 연습하는 게지."

골프를 하는 동안 주고받는 말은 잘 알아들어야 한다. 반어법이 많이 사용되기 때문이다. 그중에서 가장 많이 듣는 말이 바로 "연습 못했다"이다. 이 말은 어제도 열심히 연습을 했다는 뜻이다. 그 다음으로는 공을 찾으러 갈 때 "같이 찾아보자"라는 말이다. 물론 공을 같이 찾아 주기도 하지만, 속뜻으로는 OB 난 것을 확인하기 위한 말이다.

두 사람의 팽팽한 신경전을 최 교수가 거들었다.

"무슨 일이든 연습 없이는 실력이 향상되기 어렵지요. 정말로 재미가 없는 것이 연습인데, 연습만 할 수도 없잖아요. 그래서 저는 10-3-1 원칙을 세워서 지키고 있지요."

항상 굴곡 없이 80대 중반을 치는 최 교수의 말에 모두 귀를 쫑긋했다.

"10-3-1 원칙이라니?"

이 사장은 처음 듣는 원칙이 궁금해서 되물었다.

"예, 뭐 별거 아닙니다. 간단한 법칙이지요. 10번 연습에, 3번 라운드 그리고 1번의 코치(Coach)를 받는 겁니다. 그래야만 '연습장 리듬'에서 완전히 벗어나 '필드 리듬'을 찾은 후에 필드로 나갈 수 있는 방법을 찾을 수 있거든요."

이런저런 이야기를 주고받다 보니 정신이 흐트러진 김 상무는 약간 슬라이스가 나서 오른쪽 벙커에 공을 빠뜨렸다. 이 사장은 작전이 먹혀든 것 같아 내심 흐뭇한 표정으로 차례를 기다렸다.

"이 사장, 당신 그러기야. 티 샷하는데 말 걸고 말이야."

김 상무는 자신의 실수를 이 사장에게 덮어씌웠다. 골프의 공식적인

규칙에는 잡담에 대한 벌점 조항은 없다. 다만 1항의 에티켓 부분에 기본적인 상식에 대한 권고 사항이 있을 뿐이다.

'경기자가 공을 칠 자세를 취할 때나 스트로크를 할 때는 어느 누구도 움직이거나, 말을 하거나, 경기자 주변에 너무 가까이 혹은 공이나 홀의 바로 뒤에 서 있으면 안 된다.'

다음으로 티잉 그라운드에 올라온 박 회장도 기분은 나쁘지 않았다. 골프에서는 한 사람의 불행이 나머지 세 사람의 행복이기 때문이다. 박 회장은 4번 아이언을 들었다. 뒤에 OB가 의식되지만 앞에 물보다는 길게 치고자 했다. 티를 떠난 박 회장의 공은 정확히 그린에 떨어졌는데 4번 아이언이라서 런(Run)이 많아 홀을 지나쳐 계속 굴러갔다.

"서라! 서라, 이놈아!"

다급해진 박 회장은 소리를 쳤다. 하지만 공은 그 소리에 아랑곳없이 계속 굴러가 그린을 넘어가 버렸다.

"OB 난 거야?"

박 회장은 캐디에게 물었다.

"글쎄요? 그린 뒤편에 조금 여유가 있어 괜찮을 것 같기도 한데요."

박 회장은 캐디의 대답에 조금 마음을 놓았다. 최 교수는 속으로 웃으며 여유만만하게 스윙을 했다. 그런데 잘 날아가던 공이 갑자기 툭 떨어졌다. 때마침 맞바람이 불어와 거리가 짧아져 개울에 빠져 버린 것이다. 공이 워터 해저드(Water hazard)에 들어가 버렸다. 너무 어이가 없어서인지 최 교수는 티잉 그라운드에서 내려오지도 않고 한참동안 쳐다보고 있었다.

이 사장은 그런 최 교수를 피해 멀찌감치 티를 꽂고 준비를 했다. 최 교수가 티잉 그라운드에서 내려오자, 이 사장이 바로 샷을 했다. 이 사장의 공은 개울을 지나 떨어졌으나 그린에는 못 올라가고 바로 앞 에지(Edge)에 멈췄다. 이렇게 결국 네 사람 모두 그린에 올리지 못했다.

골프는 페널티(Penalty)가 있는 게임이다. 그래서 공을 물에 빠뜨린 최 교수는 페널티로 1벌타를 먹고 개울 뒤에 마련된 해저드 티(Hazard tee)에서 제 3타를 쳤다. 공은 사뿐히 떠서 그린에 떨어져 절묘하게 홀에 1m 붙었다. 하지만 최 교수의 기분은 썩 좋지 않았다.

박 회장이 서둘러 그린 뒤편으로 향했다. 다행히 OB 표시인 하얀 말뚝 앞에 공이 멈춰 서 있었다. 박 회장은 놀란 가슴을 쓸어내렸다. 만약

OB 말뚝을 지나서 공이 있다면 페널티로 2벌타를 받게 되기 때문이다.

박 회장은 마음을 가라앉히고 어프로치 샷을 했다. 정확히 깃대를 향한 공은 다시 내리막을 타고 한없이 굴러 내려갔다. 4m 오르막 퍼팅을 남겨 놓았다. 반면에, 벙커에 빠진 김 상무는 너무 깊이 파인 모래 벙커를 가까스로 탈출했지만 그린 끝에 겨우 올라왔다. 이제 홀과의 거리는 약 10m 정도 남겨 놓게 되었다.

마지막으로 이 사장의 차례가 되었다. 이 사장은 과감하게 퍼터를 선택했다. 남들이 터덕거리는 동안 이 사장은 그린 상태를 면밀히 살폈다. 오르막으로 중간에 작은 언덕이 있었다. 그리고 잔디결은 순결이었다.

이 사장의 프리 루틴(Pre-routine)은 조금 독특하다. 프리 루틴은 샷을 하기 전에 취하는 일련의 동작을 말하는데, 골퍼마다 습관이 다르다. 이 사장은 항상 퍼팅 거리의 중간 지점에 와서 좌우를 한 번 보고 퍼팅 자세를 취한 뒤, 공의 앞부분을 한동안 노려보다가 퍼팅을 한다. 퍼터를 떠난 공은 작은 언덕을 넘어 홀을 향해 똑바로 올라왔다.

"어!"

세 사람 모두가 저도 모르게 신음소리를 냈다.

"저 공이 들어가면 버디(Birdie)인데."

버디는 기준타수보다 1타 덜 친 것을 말한다. 하지만 행운은 거기까지였다. 바로 5cm 앞에서 멈춰 섰다.

"아~ 한 바퀴만 더 굴렀어도 버디를 하는 것인데."

이 사장은 퍼터를 놓치며 안타까워했다.

"야, 정말 아깝다."

세 사람은 이구동성으로 말했다. 하지만 속뜻은 '휴~ 다행이다. 하마터면 버디 맞을 뻔했네.' 였다.

이 사장의 별명은 '장외(場外) 퍼터의 달인(達人)'이다. 하지만 처음 두 홀에서 아슬아슬하게 홀을 비켜나가 모두 보기를 했다. 이번에는 집중해 본인의 명성에 걸맞는 장외 퍼팅의 진수를 보여 주었다.

김 상무의 퍼팅 차례이다. 까다로운 10m짜리 퍼트를 살피고 있다. 홀과 공의 거리가 2m 이상이면 한꺼번에 다 볼 수 없다. 둘 중 하나는 시야를 벗어날 수 밖에 없다. 한눈에 공과 홀이 모두 들어오는 짧은 퍼팅을 골퍼들이 자주 놓치는 것은 시선이 둘 사이에서 오락가락하기 때문이다.

김 상무의 공은 기복이 심하여 표면이 용의 등처럼 울퉁불퉁한 그린의 그늘진 움푹한 곳에 놓여 있었다. 김 상무는 일단 두 개의 구간을 나누어 퍼트 라인을 살폈다. 첫 번째는 음지에서 양지로 이동하는 완만한 오르막이며 왼쪽으로 휘어져 있었다. 그 다음은 빠른 내리막이며 오른쪽으로 휘어져 있다.

공을 오르막으로 보내기 위해 세게 쳐야 했다. 그러나 너무 세게 치면 공은 내리막을 타고 내려와 홀 컵을 지나칠 수도 있다. 자칫하면 4퍼트도 할 수도 있는 상황이라 무척 걱정스러웠다. 퍼팅의 성공은 처음 6인치가 결정한다. 방향과 거리를 잘 파악했다면 처음 6인치가 그 뒤 모든 것을 좌우한다. 그린을 떠난 김 상무의 공은 오르막을 타고 힘차게 올라갔다.

작은 언덕을 무사히 잘 넘나 싶더니 공이 오른쪽으로 휘어지면서 홀과 멀어졌다. 1m 오른쪽에 멈췄다. 마지막 부분의 브레이크(Break)를 반대로 읽은 것이다.

"아니, 브레이크가 반대잖아."

브레이크는 공이 굴러가는 경사를 말한다. 김 상무는 고개를 갸우뚱하면서 볼 마크(Ball mark)를 하고 공을 집어 들었다. 나쁜 퍼팅과 좋은 퍼팅을 구별해 주는 것은 방향성이 아니라 거리감이다.

김 상무의 퍼팅은 다소 방향은 틀렸지만 거리를 잘 맞추었으니 일단은 괜찮은 퍼팅을 한 셈이었다.

박 회장은 김 상무의 퍼팅을 유심히 지켜보았다. 다음 자기의 퍼팅에 참고하기 위함이었다. 하지만 박 회장의 퍼팅은 이번에도 짧았다. 유명한 프로선수인 월터 하겐이 "아마추어는 항상 짧다"고 한 말이 머리에 떠올랐다.

"항상 짧다니까."

박 회장은 자기 자신을 책망했다. 결국 2온 2퍼트로 보기를 했다. 반면 최 교수는 침착하게 퍼트를 성공시켜 물에 빠뜨리고도 보기로 막았다.

이제 김 상무의 마지막 퍼팅을 남겨두었다. 이 퍼트를 성공시켜야 보기가 되는 것이다. 비록 짧은 거리지만 꼭 넣어야 한다는 강한 중압감에 김 상무는 반대로 와서 다시 한 번 더 브레이크를 살폈다. 하지만 공은 홀 컵을 핥고 나왔다.

"아니, 이럴 수가!"

김 상무는 크게 실망을 했다. 타깃을 정확히 맞추기 위해 몸의 움직임을 의식적으로 조절할 필요가 없다. 몸을 어떻게 움직여야 한다고 의식적으로 생각할수록 몸은 굳어진다. 따라서 자연스럽고 정확한 움직임이 방해를 받은 것이다. 결국 김 상무도 더블 보기(Double boggy)를 했다.

퍼트의 생리는 넣지 말았으면 하는 상대의 퍼트는 대개 잘 들어가고, 꼭 넣어야 하는 내 짧은 퍼트는 잘 안 들어가는 법이다. 대부분 3퍼팅의 원인은 장고(長考)이다. 평소에 쉽게 넣는 거리인데 스트레스를 받아 실수를 한다. 골프의 명언 중에 "1퍼트는 우연이고, 2퍼트는 최선이고, 3퍼트는 실패다."라는 말이 새삼 다가오는 홀이었다.

첫 3홀을 도는 동안 전체의 요점들을 빨리 포착하지 않으면 안 된다. 비록 3홀이지만 그날의 승패를 가늠할 수 있기 때문이다. 3홀을 마치고 나니 김 상무만 3오버이고 세 사람은 2오버로 동점이 되었다. 김 상무의 첫 출발이 그리 좋은 편은 아니었다.

골프를 통해서 우리는 인생에서 예기치 않은 일들에 직면했을 때 어떻게 서고(Stand), 잡고(Grip), 흔들려야(Swing) 하는지를 배운다. 골퍼들은 자기가 가지고 있는 몇 개의 작은 기술들로 골프라는 퍼즐 게임을 맞춰 넣는다. 그리고 그것이 때로는 멋지게 들어맞는다.

그러나 오늘 맞아 떨어졌던 조각이 내일 맞지 않을 수도 있다. 몇 조각들을 퍼즐에 억지로 맞춰 넣은 것이다. 이제 억지로 짜맞춘 조각들은 골라내야 한다. 그리고 새로운 퍼즐을 맞추기 위해 전문가의 레슨(Lesson)이 필요하고 연습도 필요하다.

Magic tips
골프와 레슨

가장 행복한 골퍼는 경기 솜씨가 향상되는 사람이다.
- 호러스 허친슨

미국 국립골프재단에 따르면, 골프 습관에 관한 조사에서 조사대상자 가운데 89%가, 만일 자신이 골프를 더 잘 친다면 더 많이 치고, 게임에 돈도 더 많이 소비하며, 더 많이 즐기게 될 것이라고 대답했다고 한다. 하지만 골프를 잘 치려면 레슨과 연습은 필수인데, 같은 조사 그룹 중 겨우 13%만이 지난 12개월 이내에 골프레슨을 받은 적이 있었다고 한다.

이처럼 모든 골퍼들이 골프는 잘 치고 싶지만 레슨과 연습은 소홀히 한다. 골프에는 두 개의 길이 있다. 하나는 따라 걷는 길, 레슨(Lesson)이고, 다른 하나는 개척하는 길, 연습이다. 모든 골퍼들은 이 두 개의 길을 걸어야 한다.

골퍼는 학습자와 비학습자로 나눌 수 있다. 어떤 골퍼가 될지는 골퍼 자신에게 달려 있다. 모든 골퍼들은 완벽한 스윙을 위해 레슨을 받는다. 골프를 배우면서 누구나 제일 많이 듣는 말이 '힘 빼라, 머리 들지 마라, 스윙이 빠르다'는 세 마디이다.

프로 골퍼 데이비드 듀발(David Duval)은 "스윙은 간결할수록 좋다. 스윙을 간결하게 하려면 먼저 생각부터 간결해야 한다. 특히 아마추어들은 무엇이든 보고 들은 대로 다 하려고 든다. 그러나 이는 자신의 스

Magic tips

윙을 복잡하고 어렵게 만든다."고 했다. 즉, 성격, 체형, 연령, 운동신경, 사고력 등이 다른 개개인에게 동일한 행위를 요구해서는 안 된다.

따라서 대부분의 골프 교재에 소개하는 타법은 나 자신이 이렇게 하니까 잘 되더라고 하는 리포트(Repart)이며, 하나의 참고일 뿐이다. 골프는 과학적인 용구를 가지고 비과학적으로 하는 게임이다. 개성을 소중히 여겨야 한다. 골퍼 개개인은 자기 자신에게 맞는 타법을 추구해야 한다.

골프를 배우는 사람들은 대부분 퍼팅을 할 때 근본적인 문제점을 가지고 있다. 백(Back) 스트로크는 짧게 하고, 포워드(Forward) 스트로크는 길게 하는 단점이 있다. 퍼팅 스트로크는 백 스트로크와 포워드 스트로크의 길이가 같아질 때까지 연습을 해야 한다. 눈을 감고 퍼팅을 하는 것은 당신의 감각을 향상시키는 좋은 방법이다.

배움은 흐름을 거슬러서 노를 젓는 것과 같다. 노 젓기를 중단하자마자 뒤로 떠내려간다. 배움은 레슨이고, 노 젓기는 연습이다. 배운 것을 지속적으로 연습해 숙달시켜야 비로소 자기 것이 되는 것이다.

흔히 티잉 그라운드에 서서 멀리 그린을 보며 그 순서로 연습을 해가지만, 반대로 그린에서 티잉 그라운드를 돌아보는 순서로 퍼터, 그린 주변의 짧은 어프로치, 미들 아이언, 드라이버를 연습하면 10개월 안에 싱글이 될 수도 있다고 한다.

골프란 철저한 친밀도의 게임이다. 골프와 관련되는 모든 것에 얼마나 친밀한가에 따라 게임의 성공 여부가 달려 있다. 클럽에 대한 친밀도를 높이는 방법은 자신의 스윙이나 체격에 맞는 '감'이라는 것도 있지만 '연습'만한 것이 없다.

연습에는 스윙의 물리적인 측면뿐만 아니라 정신적인 측면과도 관련이 있다는 점을 명심해야 한다. 기술은 항상 붙어 있는 것이 아니다. 오직 연습으로만 유지된다. 감각을 잡기 위해 연습하는 것이지 볼을 맞히기 위해 연습하는 것은 아니다.

유명한 프로 선수들도 하루에 5백 개에서 1천 개까지 연습 볼을 친다. 이는 새로운 기술을 배우기보다는 감을 유지하기 위함이다. 이처럼 연습은 경쟁에서 매우 중요한 부분이다. 연습을 통해 실력을 향상시킬 수 있을 뿐 아니라 적절한 상태를 유지할 수 있기 때문이다.

연습을 하루 안 하면 자신이 알고 이틀 쉬면 상대방이 알고 사흘 쉬면 모두가 안다고 한다.

게리 플레이어(Gary Player)는 "내가 연습을 많이 하면 할수록, 나는 더욱 더 운이 좋아져!"라고 했다. 어느 누구도 완벽한 플레이를 할 수는 없다. 다만 꾸준한 연습과 교습을 통해 핸디캡을 점점 낮춰 갈 뿐이다. 위대한 샷과 위대한 승리는 위대한 준비와 연습의 결과이다. 완벽한 연습에서 완벽함이 나온다. 연습만큼 자신감을 높여 주는 것은 없다.

Magic tips

'성적(Score)'에서 '학습(Lesson)'으로 초점을 옮기는 것이 골프를 즐기는 좋은 방법이다.

절대적인 자신감이라는 맑은 공기, 기본적으로 내재된 장점인 토양, 긍정적인 마음가짐과 목표라는 물, 섣불리 판단하지 않는 자각력이라는 햇빛 그리고 코치와 훈련이라는 비료가 있다. 이런 조건들을 환경으로 갖출 때, 배우고 성장하려는 우리 본성은 자연스레 꽃을 피울 수 있다.

당신에게 주어진 시간의 80퍼센트를 자신 있는 분야에 투자하고, 15퍼센트를 새로운 것의 학습에 투자하라. 그리고 나머지 5퍼센트를 취약한 분야에 투자하라. 그러면 골프 실력은 향상될 것이다.

4번 홀
골프는 템포(Tempo)가 중요하다

> 스포츠 경기를 관람하는 것은 재미를 위해서이고, 직접 스포츠를 하는 것은 오락을 위해서다. 진정으로 노력해야 할 것은 골프다.
> – 밥 호프

4번째 홀은 롱 홀(Long hole)이라 불리는 파 5홀이다. 거리가 457m나 되는 만만지 않은 홀이다.

오너가 된 이 사장이 드라이버를 뽑아들고 티잉 그라운드로 올라가려고 했다. 이번에는 반대로 김 상무가 말을 걸었다.

"잠깐! 이제 몸도 풀렸으니 본격적으로 게임을 하시지요. 놀면 뭐합니까? 부수입도 올리셔야지요."

김 상무가 분위기를 띄웠다. 물론 첫 홀의 티 샷을 하기 전에 그날 경기의 모든 규칙을 정하는 것이 원칙이다. 하지만 그동안 라운드를 하지 못해 서로의 실력을 가늠해 볼 겨를이 없어 일단 세 홀을 치고 나서 정하는 것이다.

"낫소(Nassau) 게임을 할까요?"

외국에서 골프를 많이 친 최 교수가 제안을 했다. 낫소 방식은 홀을 셋으로 구분해 전반 9홀을 1, 후반 9홀을 1, 그리고 전체를 1로 나누어 승부하는 게임 방식으로 외국에서는 자주 하는 게임이다.

"그것은 너무 심심하지 않아요?"

매사에 공격적인 이 사장이 반대를 했다.

"그러면 라스베가스(Las vegas)가 어때요?"

김 상무가 다른 게임을 제안했다. 라스베가스 게임은 두 사람이 한 편이 되어서 승부를 하는 게임이다.

"그 게임은 상대방에게 너무 부담을 주는 것이라 불편한데요."

이번에는 성격이 깔끔해서 남에게 폐를 끼치는 것을 싫어하는 최 교수가 반대를 했다.

"그렇다고 스트로크(Stroke) 게임을 하기에는 금년 핸디캡이 정확하지 않으니 오늘은 하기가 그렇고…."

김 상무가 잠시 고민을 했다.

스트로크 게임은 각자 친 타수의 차이로 승부를 내는 게임 방식이다. 핸디캡이란 실력이 서로 다른 골퍼들이 이론적으로 같은 조건하에서 경기를 할 수 있도록 하기 위해 실력이 약한 사람의 스코어에서 타수를 감하도록 해주는 제도이다. 잘 치는 사람과 못 치는 사람 간의 차이를 감안하기 위해 나온 것으로, 잘 치는 사람에게 수갑(手匣, Handicap)을 채워 놓는 듯한 불이익을 주는 것이다.

"오늘이 금년의 첫 라운드라서 각자 핸디캡을 파악하지 못했으므로 그냥 편하게 스킨스(Skins)로 하시지요."

박 회장이 제안을 했다. 스킨스 게임은 일정 금액을 내놓고 매 홀 승부로 상금을 빼먹는 게임으로 주말 골퍼들이 가장 많이 하는 게임이다. 홀의 상금을 스킨(Skin)이라고 부른다.

네 사람 모두 가장 무난한 게임이라 생각하고 동의를 했다.

"그러면 6만 원씩 내서 한 홀에 한 스킨 즉, 1만 원씩 빼먹기로 하시지요."

김 상무가 지갑에서 돈을 꺼내면서 말을 했다.

"아니, 아무리 금년 첫 라운드라고 해도 그렇지, 각자 기본 핸디캡이 있는데 똑같이 내다니 불공평한 것 아니오."

가장 핸디캡이 높은 박 회장이 이의를 제기했다. 사실 지난해의 성적을 보면 이 사장의 핸디캡은 15로 가장 낮고, 김 상무와 최 교수는 17로 같았다. 박 회장은 22로 가장 높았다.

"그러면 박 회장님은 5만 원만 내시지요."

김 상무가 중재를 했다. 모두들 동의하고 지갑에서 돈을 꺼내어 캐디에게 맡겼다. 총 23만 원이었다.

"아휴, 감사합니다. 이 많은 돈을 저에게 다 주시니."

캐디는 웃으며 농담으로 응수했다.

"그러면 게임 룰(Rule)을 정하겠습니다. 매 홀 스킨은 1만 원이고, 트는 것은 두 홀까지입니다. 파 5홀에서는 롱기스트(Longest)를, 파 3홀에서는 니어리스트(Nearest)에게 시상합니다. 각각 한 번씩 지나갔으니 세 번씩 남았네요. 그리고 OECD는 4만 원부터이고, 벌금은 '오빠삼삼해'이고, 한 홀에 벌금은 두 번까지만 부과하겠습니다."

김 상무는 일사천리로 룰을 읊어 나갔다. 많이 해본 솜씨였다. 롱기스트는 티 샷을 가장 멀리 보낸 사람에게 주는 상이고, 니어리스트는 파 3홀에서 홀 컵에 공을 가장 가까이 붙인 사람에게 주는 상이다. OECD란, 일정 금액 이상의 스킨을 찾아간 골퍼는 선진국(OECD)에 가입한 것으로 간주해 실수에 대한 벌금을 부과하는 규칙이다.

고지식한 최 교수는 OECD는 알겠는데 '오빠삼삼해'는 처음 듣는 말이었다.

" '오빠삼삼해'가 뭐지요?"

이 사장이 최 교수에게 자세히 설명해 주었다.

"오는 오비(OB), 빠는 빵카(Bunker), 삼은 3퍼팅, 또 하나의 삼은 3오버, 즉 트리플(Tripple boggy), 해는 해저드(Hazard)를 일컫는 말이지요."

설명을 마치고 이 사장이 티잉 그라운드로 다시 올라갔다.

"이 사장, 이번 홀에 롱기스트 있습니다."

김 사장은 마지막으로 한 번 더 이 사장에게 견제의 말을 던졌다. 이번 홀에서 이 사장은 뭔가 보여 주려고 했다. 이 사장은 멋진 샷으로 상대의 기를 죽이려고 힘차게 드라이버를 휘둘렀다. 하지만 결과는 참담했다. 지나치게 힘이 들어가 토핑(Topping)이 되어 공은 앞에 떨어졌다. 순간 모두들 조용했다.

"멀리건(Mulligan)! 게임의 첫 샷이니까."

박 회장이 안쓰러운 듯이 말했다.

"안 됩니다. 회장님 스킨이 걸렸는데요. 그리고 롱기스트도 있고요."

김 상무는 단호하게 막고 나섰다.

멀리건이란 여러 속설이 있는데, 같은 동네 친구 넷이서 골프를 치러 갈 때 '멀리건'이라는 사람이 항상 차를 운전하였다고 한다. 운전 때문에 피곤해서인지 매번 첫 홀에서 실수를 해서, 동료들이 한 번 더 칠 수 있는 기회를 준 것이 계기가 되었다고 한다.

미국 클린턴 대통령은 이 멀리건 제도를 남발하였다고 하는데, 첫 홀이 아닌 다른 홀에서도 자주 사용했다고 한다. 그래서 멀리건을 남용하는 것을 '클린턴 멀리건'이라고 한다.

"괜찮습니다. 회장님, 롱기스트는 포기하고 스킨만 먹으면 되지요."

이 사장은 여유를 부리며 박 회장의 제안을 정중하게 거절했다. 박 회장의 드라이버 샷은 짧았지만 페어웨이 중앙에 떨어졌다.

"나이스 샷, 현재까지 롱기스트입니다."

캐디가 재치 있게 말했다.

"어허, 미라 씨, 내가 서리가 짧다고 놀리네. 허허."

박 회장이 호탕하게 웃으며 말했다. 세 번째 최 교수도 심호흡하고 정신을 집중했다. 마음을 가라앉히고 부드럽게 스윙을 했다.

"딱!"

공은 힘차게 정중앙을 향해 날아갔다.

"나이스 샷!"

캐디가 외쳤다. 잘 날아가 한복판에 떨어진 공은 오른쪽으로 구르기 시작했다. 모두들 숨을 죽이고 굴러가는 공을 지켜보고 있었다. 가장 속이 타는 사람은 최 교수 본인이었다. 결국 공은 페어웨이와 퍼스트 컷(First cut) 경계선 근처에 멈췄다.

퍼스트 컷은 페어웨이와는 달리 잔디를 한 번만 깎아 놓은 세미 러프(Semi ruff)지역이다. 롱기스트는 반드시 페어웨이에 떨어져 있어야만 자격이 된다.

"가 봐야 알겠는데요. 여기서는 멀어서 확인이 잘 안 되네요."

캐디가 애매모호하게 말했다.

"이제 나밖에 없구나."

김 상무는 이렇게 생각하고 티 박스에서 연습 스윙을 두어 번 했다. 호쾌하게 날린 샷은 중앙으로 가다가 훅(Hook)이 걸려 페어웨이를 벗어나 왼쪽 언덕으로 올라가 버렸다. 훅이란 슬라이스와 정반대로 공이 왼쪽으로 휘는 미스 샷을 말한다. 멀리 치려고 힘을 준 것이 훅을 발생시킨 것이다.

결국 김 상무도 롱기스트 경쟁에서 탈락하였다. 최 교수와 캐디는 황급히 공이 있는 곳으로 갔다.

"세이프(Safe)네요."

최 교수의 공은 다행히 페어웨이 안쪽에 있었다. 캐디가 확인하자 최 교수는 얼굴에 웃음을 띠었다.

현재까지는 최 교수가 롱기스트이다. 하지만 아직 관문은 남아 있다. 최종 성적이 파를 해야만 롱기스트가 되기 때문이다. 페어웨이에도 채 미치지 못한 이 사장은 거리를 만회하려고 드라이버로 승부를 걸었다. 아주 경쾌한 소리가 나더니 공은 200m 정도 똑바로 날아갔다. 첫 샷의 실수를 거의 만회하였다.

이런 모습을 본 김 상무는 3번 우드와 5번 아이언을 빼 들고 언덕으로 올라갔다. 공이 놓인 위치가 좋으면 김 상무 역시 우드로 승부를 걸 작정이었다. 공은 약간 내리막에 걸쳐 있었는데 스탠스(Stance)가 여간 불안하지 않았다. 김 상무는 잠시 망설였다. 갈등의 시간인 것이다.

"아이언으로 살짝 빼내, 아니면 우드를 잡아?"

2개의 클럽을 두고 또는 두 가지 샷을 두고 망설일 때, 특히 어려운 샷이거나 곤경에서 벗어나려는 샷이라면 충분한 시간을 갖고 생각해야 한다. 자칫 서둘러서 잘못된 판단으로 생긴 손실을 만회하는 데는 훨씬 많은 시간이 필요하기 때문이다.

헌데 김 상무는 조급한 마음에 서둘렀다. 산전수전(山戰水戰) 다 겪어 본 김 상무는 안전보다는 거리의 유혹이 더 강했다. 산전은 산으로 올라간 공을 치는 것이고, 수전은 질벅한 땅에서 치는 것이다.

"사나이 가는 길을 그 무엇이 막을 쏘냐!"

심 상무는 과감하게 3번 우드를 삽았다. 그리고 힘껏 휘둘렀다.

"틱! 피시식."

김 상무의 3번 우드는 공의 머리 부분에 맞추고 말았다. 공은 떼구루루 굴러 내려갔다. 한참 굴러가던 공은 페어웨이 바로 전 퍼스트 컷에 멈추고 말았다. 과욕이 부른 미스 샷이었다. 다소 흥분한 김 상무는 세 번째 샷도 뒤 땅을 쳐 100m 정도밖에 나가지 않았다. 어렵게 네 번째만에 그린에 올려 놓았는데, 그것마저도 겨우 턱걸이로 올라갔다.

김 상무가 헤매고 있는 동안 박 회장 역시 어프로치 샷을 미스해 네 번째 샷에 그린에 올렸고, 나머지 두 사람은 세 번째 샷에 그린에 올려 놓았다.

김 상무는 연속 두 번씩이나 3퍼트를 해서 또 더블보기를 했다. 나머지 세 사람은 두 퍼트를 해서 박 회장은 보기, 이 사장과 최 교수는 파를 했다. 이번 홀의 스킨은 두 사람이 파를 해서 무승부가 되었다. 이번 홀의 스킨은 다음 홀로 넘어갔다. 하지만 최 교수는 파를 했기 때문에 롱기스트 상금 1만 원을 챙겼다.

"축하합니다."

캐디가 1만 원을 꺼내 최 교수에게 주었다. 첫 상금 시상인지라 다른 사람은 박수로 축하해 주었다.

"첫 스킨 축하합니다."

"어째, 이거 기분이 찜찜합니다. 초반 끗발이 개 끗발이라고 하는데."

최 교수는 뒷머리를 긁적거렸다.

●　　　●　　　●　　　●

보통 5홀이 지나서 그늘집이 있는데 이 코스는 4홀을 마치고 그늘집이 있었다. 그늘집이란 코스 중간에 있는 휴게소를 말한다. 앞 팀이 이제 방금 그늘집에서 나와 티 샷 준비를 하고 있었다.

네 사람은 자연스럽게 그늘집으로 들어갔다. 클럽하우스에서 아침도 먹었고, 커피도 마셨기 때문에 보리차를 마시면서 첫 4홀에 대한 강평이 시작되었다.

"왜 안 되는 거지?"

성적표인 스코어 카드(Score card)를 보고 김 사장이 투덜거렸다. 4홀에 5타를 오버한 것이다. 평소 실력보다 못 친 것이다.

"정말 골프는 안 늘어요. 그렇죠, 회장님."

김 상무는 박 회장에게 말을 걸었다.

"왜, 내가 만만하게 보이나. 허허허."

박 회장은 4홀에 3타 오버로 현재까지는 자기 페이스대로 가고 있었다.

"김 상무, 골프가 왜 안 느는지 그 이유를 알려 줄까요?"

박 회장은 웃음을 멈추고 시무룩해져 있는 김 상무를 보고 말했다.

"그게 뭔데요?"

도리어 호기심이 많은 최 교수가 채근을 했다.

"골프가 늘지 않는 데는 7가지 이유가 있지요. 첫 번째 이유는 바보 같은 연습이고, 두 번째 이유는 비시즌 동면이지요. 세 번째 이유는 준비 부족이고, 네 번째 이유는 스코어를 생각하지 않고 골프를 치는 것이지요. 다섯 번째는 자기 몸에 맞지 않는 클럽을 쓰고 있는 것이고, 여섯 번째는 스윙에 대한 무지이지요. 마지막 일곱 번째는 감을 무시하고 언제나 인위적으로 샷을 만들려 하기 때문이지요."

박 회장은 조목조목 자세히 설명을 해 주었다. 나머지 세 사람은 모두 고개를 끄덕였다.

"그날의 스코어는 초반 서너 홀에서 좌우되지요. 초반을 망치면 좋은 결과를 기대할 수 없게 되는 거예요. 그것을 만회하려다 도리어 더 망치는 경우가 허다하니까요. 그래서 첫 세 홀은 아주 조심스럽게 시작해야만 하지요."

동반자 중 가장 어른이면서 구력이 가장 긴 박 회장이 김 상무에게 한 수 지도를 해 주었다.

　김 상무는 마음을 다시 고쳐먹었다.

　"그래, 맞아. 처음에 욕심을 너무 많이 냈어. 너무 서둘러 템포를 잃었던 거야. 다음 홀부터는 나의 템포를 찾아야지!"

그늘집 특강 1 골프에서 배우는 경영

비즈니스는
관계(Relation)이다

현명한 경영자는 자신이 모든 것을 알고 있다고 생각하지 않는다. 고객과 직원, 동료로부터 뭔가 새로운 것을 배우려고 끊임없이 노력한다.

- 하비 세이프터

현대 사회는 행위와 정보의 끊임없는 공유, 사람과 사람의 연결고리를 통해 모두가 이득을 보는 시대이다.

미국 자동차 회사 크라이슬러 전 사장인 아이오코카(Iococa)는 "모든 비즈니스는 사람, 제품, 이익으로 압축된다. 이중에서 사람이 가장 중요하다."라고 말하며, 비즈니스에서 사람과의 관계를 중시했다. 즉, 비즈니스는 인간관계이다.

인간적 관계를 돈독히 하는 방법에는 여러 가지가 있다. 그중 오래 전부터 정을 나누는 중요한 매개체 역할을 한 것이 '식사'이다. '술'도 사람을 가깝게 만드는 마력을 지니고 있다. 그래서 '술 = 비즈니스'라는 공식이 있었다. 그 다음으로는 함께 목욕을 하거나 땀을 흘리며 운동을 하는 것도 친밀감을 조성하는 데는 그만이다.

그리고 이러한 식사, 술, 운동, 목욕 등 사람을 친밀하게 엮는 주요 매개체를 총망라한 것이 '골프' 다.

골프가 다른 스포츠와 구별되는 가장 큰 특징은 '대적의 게임'이 아니라 '관계의 게임'이라는 것이다. 그래서 골프는 비즈니스 인맥을 형성, 유지, 발전시키는 촉매 역할을 한다.

골프뿐만 아니라 비즈니스에는 많은 이해관계자들이 있다. 그들과의 관계를 어떻게 가지냐에 따라 성패가 갈린다. 제임스 도드슨(James dodson)은 '마지막 라운드'에서 "골프의 동반자를 잃었을 때 최후의 날이 찾아 올 것이다."라고 했다.

골프에서 동반자는 단순히 이기고 지는 승부의 맞수가 아니다. 경쟁을 통해서 최고의 실력을 추구하는 파트너이자 자신의 능력을 최대한 자극하고 분발하게 만드는 성공의 또 다른 협력자이다.

즉, '골프 코스'라는 적과 싸우며 경쟁을 벌이고 있기 때문에 모두가 동료이자 경쟁자다. 비즈니스 역시 마찬가지이다. 그래서 경쟁자들과 협력과 경쟁을 같이 해야만 한다. 지나친 경쟁보다는 서로 상생의 길을 모색해야만 한다.

캐디의 역할은 비즈니스에서 직원의 역할과 비슷하다. 캐디를 우군으로 만들어야 경기가 잘 풀린다. 마찬가지로 직원을 우군으로 만들어야 경영성과가 좋아진다. 이처럼 골프나 비즈니스나 모두 사람들과의 관계가 아주 중요하다.

좋은 인간관계의 시작은 근면이고, 마무리는 관리이다. 일기일회(一機一會)라는 말이 있다. 어리석은 사람은 인연을 만나도 모르고, 보통 사람은 인연을 알고도 살리지 못하고, 현명한 사람은 소매만 스쳐도 인연을 살려 낸다. 골프는 이런 인연을 만들어 주는 좋은 기회이며 장(場)이다.

골프는 약 4시간 정도 걸리는 운동이지만 거의 하루를 같이 지낸다. 먹고, 마시고, 운동하고, 목욕도 같이 한다. 그래서 같은 직장에서 18년을 생활한 것보다 18홀 코스를 같이 돌아보면 그 사람의 됨됨이를 더 잘 알 수 있다고 한다.

중역실이 아니라 골프장에서 더 많은 비즈니스가 이루어진다. 그리고 협상이 까다로울수록 느긋한 환경이 필요하다. 그래서 삼성의 이병철 회장이나 G.E의 잭 웰치(Jack Welch) 회장은 골프장에서 인간성을 파악하곤 했다.

골프를 인간관계나 비즈니스의 도구로 사용하려면 우선 규칙과 에티켓을 이해해야 한다.

둘째로 자기 자신을 잘 조절해야 한다.

셋째로는 상대방과 능숙하게 대화를 나눌 수 있어야 한다.

"약자는 기회를 기다리지만, 강자는 기회를 만든다."라고 프랜시스 베이컨(Francis Bacon)은 말했다.

특별한 기회가 당신의 눈앞에 나타나기만을 기다리지 말고 모든 평범한 기회를 움켜잡아 당신의 손안에서 특별하게 바뀌게 해야 한다. 주변의 모든 이해 관계자를 친구로 만들고 싶다면 다른 사람을 위해 뭔가 해주려고 노력해야 한다.

찰스 리(Charles Lee)는 "관심을 끌려면 먼저 관심을 가져라(To be interesting, be interested)."고 했다. 거기에는 정력, 이타심, 신중함이 필요하기 마련이다.

존 맥스웰(John Maxwell)은 "인간관계의 달인은 남들과 쉽게 어울리고 상대의 자긍심을 세워줌으로써 상대를 한 단계 더 높은 수준으로 끌어 올린다. 그들과의 만남은 항상 유쾌하고 스스로 발견하는 경험을 갖게 하기 때문에 사람들은 항상 그들과 함께 있고 싶어 한다."고 말했다.

이해 관계자와 인간관계를 원활하게 가지는 비결은 가지고 있는 것을 그저 연결만 하면 된다. 순간들은 사람들을 연결시키고, 서로 연결된 사람들은 더욱 큰 충성심을 발휘하는 경향이 있다.

그들은 서로를 배려하고, 서로에게 이익이 되는 동반자 관계를 추구한다. 자신의 경험으로 얻은 가치관을 그대로 상대에게 강요하는 것이 아니라, 상대가 무엇을 하고 싶은지, 또 무엇을 바라는지를 끌어내야 한다.

자동차 왕 헨리 포드(Henry Ford)는 비즈니스의 성공을 위한 비결이 하나 있다면 그것은 상대방의 관점을 이해하고, 내 관점뿐 아니라 상대방의 관점에서 사물을 보는 능력에 있다고 강조했다.

모든 사람들과 더불어 세상을 살아가는 원칙은 안으로 반듯하게(方), 세상을 이끌어 가는 기술은 밖으로 둥글게(圓) 사는 것이다. 즉, 반듯하고 둥글게 사는 것이 인간관계의 비결이다.

인간은 '알았다'에 의해 어리석어지고, '느꼈다'에 의해서 성숙해지고, '깨우쳤다'에 의해 자비로워진다. 함께 있으면 즐겁고 유익한 사람이 되어야 하고, 헤어질 때 다시 만나고 싶은 사람이 되어야 한다.

처음에는 '편리한 존재'에서 나중에는 '없어서는 안 될 존재'가 되어야 한다. 시대에 순응하기보다 시대를 이끌어 나아가는 사람이 되어야 한다. 골프에서나 비즈니스에서나 무엇보다도 인간성과 신뢰가 중요하다. 특히 비즈니스세계에서는 네트워크가 강조된다. 아무리 디지털 시대라고 해도 촘촘히 얽힌 인적 네트워크는 큰 자산이다.

비즈니스의 핵심은 신뢰에 바탕을 둔 휴먼 네트워크(Human Network)다.

▎중요한 비즈니스 상대와 첫 대면 원칙

- 상대의 근황과 취미 등 여러 정보를 사전에 파악한다.
- 상대와 첫 대면했을 때 만남의 목적을 꺼내지 않는다.
- 시간을 두고 상대와 교제 시간을 늘려 간다.
- 상대의 보조원, 비서, 동료와도 친분관계를 유지한다.

BUSINESS

2 ROUND
페이스(Pace)를 찾아라

5번 홀. 골프는 도전의 연속이다

6번 홀. 골프는 심판이 없다

7번 홀. 골프는 뿌린 대로 거둔다

8번 홀. 골프는 전략이 필요하다

9번 홀. 골프는 핸디캡(Handicap)이 있다

상대에 대한 배려
다른 사람이 플레이를 하고 있을 때에는 방해가 되지 않도록 최대한의 노력을 아끼지 않아야 한다. 소리를 내지 않음은 물론이고 상대가 원하지 않는 지역에 위치해 있는 것도 피한다. 핸드폰이나 전자기기가 켜져서 다른 사람의 경기를 방해하지 않도록 한다.
플레이는 경기의 순서에 따라야 한다. 티 박스에서는 '매너'를 지켜야 하며, 홀에서 볼이 멀리 떨어진 사람부터 플레이를 하여야 한다. 다른 사람이 플레이를 할 경우 지나치게 가깝게 서거나 라인의 뒤쪽에 서 있는 것을 피해야 하며, 그림자가 드리워지는 것도 고려해야 한다.

스코어 작성
자신의 스코어를 정확하게 기입하여야 하며, 경기 중에는 자신의 마커와 홀이 끝난 다음에 스코어를 비교하여 스코어 작성에서 발생할 수 있는 실수를 없애야 한다.

(자료 : USGA 룰)

5번 홀
골프는 도전의 연속이다

골프는 용사처럼 플레이 하되 신사처럼 행동하는 게임이다.
– 데이비드 로버트 포건

김 상무는 그늘집에서 나오며 자신의 모자를 찾았다. 옷걸이에는 팀원들의 개성처럼 여러 디자인의 모자가 걸려 있었다.

"아니, 이거 그렉 노먼(Greg Norman) 모자 아니야."

김 상무가 카우보이 모자와 같은 중절모 형태의 페도라(Fedora)를 보고 말했다. 골퍼들 중에는 모자로 자신의 이미지를 표현하기도 한다. 호주의 '백상어' 그렉 노먼에게 페도라 모자는 트레이드 마크와도 같다. 모자 덕에 그의 플레이는 유난히 화려하게 보였다. 유명한 레슨 전문가 데이비드 레드베터(David leadbetter)도 페도라를 즐겨 쓴다.

"4홀 내내 쓰고 있었는데 새삼스럽게 놀라기는."

이 사장이 자신의 모자를 집어 들면서 말했다. 박 회장은 앞쪽의 캡이

납작하게 눌려진 헌팅캡(Hunting cap) 모자를 쓰고 있었다. 이 모자는, 바지통이 헐렁하고 길이는 무릎까지 내려오며 무릎 밑을 벨트나 끈 등으로 묶은 니커(Knicker) 바지와 함께 페인 스튜워트(Pane Steward)의 트레이드 마크였다. 김 상무와 최 교수는 골프 회사 로고(Logo)가 있는 일반 골프 모자를 쓰고 있었다.

네 사람이 각자 개성 있는 모자를 쓰고 그늘집에서 나오니 앞 팀은 벌써 그린 위에 올라갔다.

이번 홀은 파 4홀로 330m의 그리 길지 않은 홀이다. 일종의 서비스 홀이다. 이 사장은 티를 꽂고 주저없이 드라이버 샷을 날렸다. 오른쪽 뒤에서 그린 쪽으로 부는 강한 바람을 타고 공이 페이드(Fade)성으로 날아갔다. 페이드는 슬라이스와는 달리 공이 마지막에 오른쪽으로 적당히 휘는 정상적인 샷을 말한다.

다음으로 최 교수가 티샷을 했는데, 너무 서두른 탓에 전매특허인 파워 페이드(Power fade)가 되었다. 최 교수의 공이 조용히 페어웨이 오른쪽으로 사라졌다.

"어떻게 된 거야? 미라 씨, 내 공 떨어지는 거 봤어?"

최 교수는 당황해서 캐디에게 물었다.

"아마 괜찮을 겁니다. 그쪽에 글라스 벙커(Grass bunker)가 있거든요."

그라스 벙커란 움푹 파진 곳이지만 샌드 벙커와 달리 모래가 없고 잔디로 된 곳을 말한다. 캐디의 말에 안도의 숨을 내쉬고 티잉 그라운드를 내려 왔다. 다음으로 박 회장이 티 샷을 했다.

"딱!"

하얀 공이 푸른 창공을 가르고 초록색 잔디 위에 사뿐히 내려앉았다. 거리는 180m 정도지만 정확하게 페어웨이 한 가운데에 떨어져 오른쪽으로 굴렀다. 김 상무의 공도 페어웨이 오른쪽에 안착을 했다. 박 회장의 공 30m 후방에서 멈췄다.

예전에는 전동 카트(Cart)를 탔었는데 박 회장이 걷는 바람에 일행 모두가 걷기로 했다. 전동 카트가 플레이 시간을 단축시켜 더 많은 손님을 입장시키려는 골프장의 영업 목적으로 이용되면서, 골퍼들의 보행권리를 빼앗아가고 있다. 18홀 라운드를 통해 얻을 수 있는 운동효과는 걷는 게 가장 크다. 라운드를 통해 골퍼들은 평균 7~8km 정도 걸을 수 있지만, 전동 카트는 이 운동효과를 절반 이하로 뚝 떨어뜨린다. 따라서 장비의 발달을 자신의 건강상태에 따라 적절하게 이용할 줄 알아야 한다.

김 상무와 박 회장은 같은 곳에 공이 떨어져 있어 천천히 페어웨이로 걸어 나갔다.

"박 회장님, 그동안 드라이버 거리가 많이 느셨네요."

"늘기는 뭘, 만날 그 모양이지. 하기야 요즘 컨디션이 좋아서 조금 늘어난 것도 같은데."

칠순 나이의 박 회장은 최근 건강 상태가 많이 좋아져 드라이버 거리가 조금 늘어난 것 같았다.

"참! 지난번 건강진단에 몸이 조금 불편한 곳이 있다고 하셨는데 괜찮으시죠?"

김 상무는 박 회장과 말동무를 하며 걸었다.

"응, 그거. 심장이 조금 문제가 있다고 그랬는데 의사 지시대로 운동을 하고 약을 먹으니 좋아졌지."

"참! 회장님 주치의가 최고봉 박사님이시라면서요."

"그래, 최 박사는 우리나라 심장병의 최고 권위자이시지."

"회장님, 최 박사님 좀 소개해 주실 수 있는지요?"

"왜, 자네도 어디가 아픈가?"

박 회장은 걱정스러운 눈빛으로 쳐다봤다.

"제가 아니고요. 아버님이 편찮으신데 요즈음 상태가 안 좋으셔서요."

"그래, 난 또 자네가 아픈 줄 알고 덜컥했네 그려. 내가 최 박사에게 이야기 해 놓을 테니 아무 때고 모시고 가 보라고."

오늘 김 상무는 골프를 치면서 어려운 숙제 하나를 해결했다. 어느새 두 사람은 두 번째 샷을 하기 위해 공 근처까지 왔다. 두 사람은 모두 그린에 올렸다.

두 사람이 이런 이야기를 나누며 걸어가는 동안 최 교수와 이 사장은 자기 공을 찾으러 갔다. 최 교수는 잔디 벙커에 있는 공을 보고 일단 안심을 했다. 게다가 공의 위치도 그리 나쁘지 않았다.

"괜히 놀랐잖아."

공을 보고 최 교수는 슬슬 도전적인 생각이 들기 시작했다. 직접 그린을 공략하기로 했다. 골프는 균형의 게임이다. 우선 균형을 잘 잡아야 한다. 그리고 머리를 움직이지 않도록 해야만 좋은 샷이 나온다. 최 교수는 가볍게 연습 스윙을 두어 번 해보았다. 클럽 헤드(Club head) 무게가 느껴졌다.

스윙하면서 클럽 헤드의 무게를 느껴진다는 것은 스윙리듬이 좋다는 뜻이고, 힘이 한 군데 몰리지 않고 적절히 배분되고 있다는 뜻이다. 헤드 무게의 감지에서, 백(Back) 스윙 때는 양손과 양팔을 헤드가 끌고가는 듯한 느낌이 있는 것이고, 다운(Down) 스윙 때는 하체가 양팔을 리드하면 헤드가 저항하는 듯한 느낌이 있는 것이다.

"그래, 어디 한번 노려 보자!"

공은 포물선을 그리며 그린을 향해 날아갔다.

"나이스, 온!"

최 교수의 도전이 멋지게 성공한 것이다. 뒤를 이어 이 사장도 두 번째 샷을 그린에 올려 놓았다.

모처럼 네 사람 모두 투 온한 것이다. 두 사람은 오른쪽, 두 사람은 왼쪽에 위치해 있었다. 거리는 3m 정도로 버디를 욕심낼 만한 거리었다. 자연스럽게 홀에 가까운 사람은 먼저 친 사람의 퍼팅을 참고할 수 있어 유리한 상황이었다.

"이거 아무래도 버디 한 방 나오겠네."

김 상무가 너스레를 떨었다.

"한 방이 아니라 버디로 틀지도 모르겠구먼."

박 회장도 너스레를 떨면서 거들었다.

"참! 버디 값은 어떻게 하지?"

최 교수가 물었다.

"그거야, 당연히 돈 먹은 사람만 내야지요. 민족 자본까지 동원해서야 되겠습니까?"

민족 자본이라 함은 처음에 낸 돈 외에 추가로 돈을 더 내는 것을 말한 것이다. 오늘의 게임 메이커인 김 상무가 유권해석을 내렸다. 나머지 두 사람은 아직 받은 상금이 없기 때문에 무언의 동의를 했다. 다만 롱기스트로 1만 원을 받은 최 교수만 조금 시큰둥하는 표정이었다.

'내가 넣어서 버디를 하면 될 것 아니야.'

최 교수는 이렇게 생각을 하고 퍼팅을 준비했다. 캐디에게 퍼팅 라인을 봐 달라고 주문했다.

"약간 내리막이라서 홀 컵 위쪽을 겨냥했습니다."

캐디가 공을 닦아 공의 상표인 'Titleist'로 방향을 맞춰 놓으면서 말했다. 최 교수는 캐디가 놓아준 공 방향을 유심히 살핀 뒤 퍼팅을 했다. 잘 굴러가던 공은 홀 컵 앞에서 아래로 휘어져 홀 컵 밑에 섰다. 방향은 맞았는데 힘이 조금 모자라 끝에서 아래로 휘어진 것이다.

"조금 세게 칠 걸."

최 교수는 아쉬워하며 퍼터를 두어 번 세게 흔들어 보았다. 반대편에 있는 박 회장은 최 교수의 퍼팅을 참작해 홀 위쪽으로 조금 세게 쳤다. 박 회장의 공은 홀을 지나 오른쪽 위 1m 정도에 멈춰 섰다. 이제 손 떨리는 공포의 내리막 퍼팅을 남겨 두게 되었다.

"아니, 왜 브레이크가 안 먹지. 최 교수가 흘러내려 오길래 약간 위를 봤는데."

오늘 박 회장은 홀이 유난히 작아 보이고 퍼팅 라인도 잘 안 보였다. 골프를 하다 보면 핀이 멀리 보이는 날이 있다. 또 홀 컵이 아주 작아 보일 때도 있다. 그것은 몸의 컨디션이 좋지 않다는 증거다. 이런 날은 서너 타 정도 더 칠 생각과 각오를 하고 출발해야만 한다. 괜히 욕심을 부리다가는 플레이를 망치고 만다.

"회장님, 라인은 잘 보신 거예요? 너무 세게 치셔서 그렇지요."

캐디가 위로의 말을 했다. 최 교수보다 10cm 정도 앞에 있던 이 사장은 두 사람의 퍼팅을 잘 보았다. 방향도 중요하지만 힘도 정확해야 했다. 퍼터에 일가견이 있는 이 사장이 신중하게 퍼팅을 했다.

공은 브레이크를 따라 흘러내려와 홀의 위쪽을 타고 홀 안으로 떨어졌다.

"버디!"

이 사장은 주먹을 불끈 쥐면서 환호했다. 도전적인 퍼팅이 성공을 한 것이다. 자신의 의도대로 퍼팅할 수 있다는 자신감을 안겨 주는 자신만의 박자를 개발해서, 그 박자에 충실히 따랐고, 그 절차에 철저하게 집중한 결과이나. 진정한 골프는 상상력을 가진 인간이 플레이 하는 것이다. 퍼팅을 하는 그 순간에 자신의 손에 전달되는 감각을 믿고 스스로의 행동을 맞춰갔다.

김 상무는 이 사장의 기에 주눅이 들었다. 이 사장보다 짧은 거리지만 홀에도 미치지도 못했다. 결국 세 사람은 파를 했다.

오직 상금을 탄 최 교수만 버디 값 1만 원을 내놓았다. 갑자기 분위기가 반전되었다. 이 사장의 페이스로 바뀐 것이다. 초반에 두 홀 보기로 다소 부진했었는데 연속되는 파와 버디로 전세를 역전시켰다. 상금도 스킨 두 개에 버디 상금을 합쳐 3만 원이 되어 단번에 상금 순위 1위에 올랐다.

모두들 골프가 어렵다고 한다. 하지만 골프를 중도에서 그만두는 사람은 아무도 없다. 그리고 "마음대로 되지 않는 것이 골프"라고 한다. 그래서 더욱 골프에 도전하고 매달리는지도 모른다.

골프 애호가인 이병철 회장이 생전에 세 가지가 마음대로 되지 않았다고 회고했다. 첫 번째가 자식 농사로 결국 장남이 아닌 삼남에게 경영을 인계했고, 두 번째가 조미료 미원을 함락시키지 못한 것이었다. 세 번째가 바로 골프였다. 골프장을 직접 만들고 세계적인 골퍼를 초빙해 레슨을 받기도 했지만 골프가 마음대로 되지 않았다고 한다.

그만큼 골프는 끊임없는 도전을 요구하는 운동이다. 눈이 예리한 골퍼라면 그 사람의 스탠스, 스윙 그리고 연습용 티와 퍼팅 그린에서 샷을 만드는 기술을 보고 상대의 핸디캡이 얼마인지 대강 파악할 수가 있다. 하지만 아무리 상대의 실력을 알아도 내 실력이 부족하면 승부에 지고 만다.

끊임없는 도전의식이 없으면 안 되는 것이 골프다. 골프에서 동반자는 단순히 이기고 지는 승부의 맞수가 아니다. 경쟁을 통해서 최고의 실력을 추구하는 파트너이자 자신의 능력을 최대한 자극하고 분발하게 만드는 성공의 또 다른 협력자이다. 또한 도전 의식을 불어 넣어 주는 촉진자이기도 하다.

Magic tips
골프와 건강

골프에서 불안과 긴장이야말로 최고의 조미료이다.

– 벤 호건

　　골프를 잘하려면 자신의 몸과 마음을 잘 다스릴 수 있는 '자기 관리 능력'이 있어야 한다. 골프는 지(智), 덕(德), 체(體)를 함께 갈고 닦는 수양의 과정이기도 하다.

　　골프의 5복은 첫째, 건강해야 한다. 둘째, 돈이 있어야 한다. 셋째, 친구가 있어야 한다. 넷째, 우환이 없어야 한다. 다섯째, 아내가 건강하고 오래 살아야 한다. 이중에서 무엇보다도 중요한 것이 바로 건강이다. 골퍼들이 골프를 하지 않는 사람들보다 평균 5년 정도 더 장수한다는 결과가 있다.

　　영국 데일리메일(The Daily mail, 2008.5.31)은 스웨덴 카롤린스카 연구소 조사를 통해, 골퍼가 일반인에 비해 일정 시점에 사망할 확률이 40% 더 낮으며 이는 평균 5년을 더 사는 것과 맞먹는 결과라고 발표했다. 18홀 한 라운드가 보통 6.4Km 이상 걷기를 수반하는 건강에 좋은 운동이며, 다른 사람들과 어울리는 사교성도 수명 연장에 긍정적인 요인으로 작용한다는 것이다.

　　미국의 스포츠 의학 연구기관에서는 18홀을 걸어서 플레이 하는 것은 45분 내지는 1시간 정도의 피트니스(Fitness) 운동량과 같다고 했다.

Magic tips

　우리의 근육은 80%가 물로 이뤄져 있다. 이중 단 2% 정도만 부족해도 심각한 정도로 근육에서 힘이 빠지며 거리와 정확도가 줄어든다고 한다. 골프 피트니스 전문가 조쉬 베조니(Josh Bezoni)는 라운드 전 약 300CC, 매 3홀마다 180cc 정도의 물을 마시는 것은 필수라고 말한다.

　대부분의 골퍼들은 새벽 골프거나 혹은 허겁지겁 골프장에 도착해 아침을 거르는 경우가 많다. 하지만 골프하는 날 식사를 거르면 '에너지 부족'과 '탈수'라는 두 문제가 일어난다. 어느 골퍼라도 "건강을 희생해서 좋은 스코어를 얻고 싶으냐?"고 묻는다면, 대다수의 대답은 "노"일 것이다. 80, 90세가 되어서도 골프를 계속할 수 있을 만큼 건강을 유지하고 골프를 즐기는 것이 목적일 것이다.

　골프의 즐거움을 누리는 것, 또 뇌의 노화를 막고 좀 더 젊어지기 위해서는 몸을 건강한 수준으로 관리해야 한다.

　운동 중 돌연사하는 비율이 달리기는 26%, 수영은 21%, 그리고 골프도 13%로 적지 않다. 그래서 운동 전에 조심해야 할 것은 반드시 지켜야 건강하게 골프를 즐길 수 있다.

　낸시 로페즈(Nancy Lofez)는 골프에 사용되는 근육을 발달시키는 데 수영이 좋지 않기 때문에 수영을 포기해야 했을 때, 골프를 계속하기 위해서는 또 무엇을 희생해야 하는가를 생각하기 시작했다.

　샘 스니드는 경기가 시작되기 전날부터 팔굽혀펴기와 수영, 그리고 섹스를 하지 않았다고 했다. 골프는 품위 있는 게임이며, 따라서 술을 마시지 않고 품위 있게 행동하기 위해서는 가급적이면 코스에서 술을 마시지 않는 것이 좋다. 또한 생리학적으로 화가 나면 아드레날린이 분비되는데, 아드레날린은 심장의 박동을 빠르게 해서 혈액순환을 좋게 만들어 근육의 근섬유가 활성화되도록 만든다.

이러한 아드레날린의 활동은 골프와는 상극이다. 냉정한 상태에서 부드러운 근육으로 스윙을 해야 좋은 샷이 나오는 것이기 때문이다. 그리고 스윙할 때는 반드시 숨을 내쉰 상태에서 시작해야 한다. 날숨상태에서 근육이 이완되어 몸통 회전이 잘 된다. 또 산소는 적게 마시면서도 에너지 소모가 많아지게 된다.

결론적으로 골프를 잘 치기 위한 포커 페이스와 같은 기를 유지하기 위해서는, 잠을 최소 6시간은 자야 하고, 생수를 하루 2리터 이상 마시며, 잠자기 3시간 전부터는 간식을 삼가고, 라운드 중에는 말을 삼가는 것이 좋다.

최초의 골프 룰
1. 경기 참가자들은 매 홀 점수를 기록하고 다른 경기자의 스코어를 점검한다.
2. 만약 공을 잊어버렸으면 경기자는 그 공을 친 장소로 다시 돌아가 다른 볼을 치고 한 타를 잃는다.
3. 반드시 홀 아웃을 해야 하며, 홀에 가장 가까운 사람이 먼저 홀 아웃을 할 수 있는 선택권을 가질 수 있고, 플레이를 할 때 다른 경기자의 공이 방해가 되면 그 공을 들어 올릴 수 있다.
4. 공을 치기 어려울 경우에 두 벌타를 먹고 다시 티샷할 수 있다.
5. 날씨가 나쁘다고 경기를 중단할 수 없다.
6. 어떠한 룰이라도 어길 경우 퇴장조치를 할 수 있다.
7. 어떤 룰이라도 위의 룰들과 상반되지 않는다면 이 경기에 적용할 수 있다.

1893년 11월 7일 세인트 앤드류스(St. Andrews Golf Club)에서 열린 John Reid Championship Medal Tournament에서 만들어졌다.

(자료 : USGA 룰)

6번 홀
골프는 심판이 없다

상대방을 잊고 언제나 파(par)를 상대로 경기하라.

– 샘 스니드

다시 파 5홀이다. 거리는 467m로 길지도 짧지도 않은 홀로 높낮이가 없는 평탄한 홀이다. 하지만 좌우에 나무가 병풍처럼 있어서 페어웨이가 좁아 보여 은근히 위압감을 준다. 그리고 마지막 그린에 함정이 숨어 있다.

첫 버디를 해서 기가 살아난 이 사장이 티잉 그라운드에서 힘껏 스윙을 했다. 분위기가 반전되었으므로 내친 김에 롱기스트까지 노린 것이다. 하지만 골프란 참 공평한 게임이다. 이 사장의 공은 훅(Hook)이 나서 왼쪽 나무 밑에 떨어졌다.

"버디 값을 하시네요."

최 교수가 티잉 그라운드에 올라오면서 한마디 던졌다. 골프에서는 좋은 샷 다음에는 반드시 미스 샷이 따라온다. 장타를 노리고 휘두른 스윙의 마지막 폴로우(Follow) 부분에서 힘이 들어가 공이 휘어져 버린 것이다.

누군가가 말했다. "장타의 유혹에 이길 수만 있다면 골프의 명인이 될 수 있다"고. 최후의 순간에 몇 미터를 더 멀리 보내려는 욕심이 티 샷을 실수하게 되는 주된 원인이다.

골프는 항상 기복이 있기 마련이다. 한 라운드에서 몇 번의 굿 샷 때문에 이런 미스 샷에 더 가슴 아파할 수 밖에 없다. 그래서 주말 골퍼는 골프를 치면서 천당과 지옥을 자주 오간다.

최 교수는 얼굴에 미소를 띠우면서 티를 꽂고 공을 올려 놓았다. 강력한 라이벌이 페어웨이를 벗어나자 편안한 마음으로 샷을 했다. 평소와 같이 드라이버 샷은 흔들림 없이 정확히 날아갔다. 이번에도 페어웨이 중앙에 안착했다.

박 회장도 드라이버로 티 샷을 했다. 박 회장의 스윙 폼은 특이했다. 일명 "월하(月下)의 검법(劍法)"이라고 부른다. 백 스윙에서 드라이버를 치켜세우는 동작이 마치 무사가 달빛 아래서 검을 치켜드는 모습과 흡사하기 때문이다. 하지만 20년 넘게 굳어진 자기만의 샷으로 항상 일정하다. 전형적인 노인 샷이라서 최 교수와 같은 페어웨이 중앙으로 갔지만 거리는 약 30m 정도 못 미쳤다. 박 회장은 거리는 짧지만 항상 또박또박 친다.

마지막으로 김 상무가 티 샷을 했다. 호쾌하게 스윙을 했다. 공은 바람을 가르고 날아갔다.

"야, 이게 롱기스트다."

날아가는 공을 보고 박 회장이 입을 딱 벌렸다. 공은 페어웨이 중앙으로 날아가 최 교수의 공의 옆을 지나 멈추지 않고 계속 오른쪽으로 굴러가서, 아슬아슬하게 페어웨이를 벗어나고 말았다. 거리는 더 멀리 나갔지만 페어웨이를 벗어났기 때문에 이번에도 롱기스트 후보는 최 교수 차지였다. 이 사장의 공은 나무 숲속에 있었다. 나무 사이로 멀리 그린 위의 핀이 펄럭이는 것이 보였다. 나무 사이로 잘 치면 빠져 나갈 것 같았다.

"그래, 한번 해보는 거야."

이사장은 과감하게 3번 우드로 승부를 걸었다.

"타타닥."

아니나 다를까! 공은 여지없이 나무 가지에 맞고 굴절되어 페어웨이 근처에 떨어졌다. 두 번의 지나친 욕심이 화를 자초했다. 나무를 피하려고 하면 꼭 나무가 맞기 마련이나. "나무를 피하려면 나무를 겨냥하라."는 말이 있지만, 사람 마음이 어찌 그렇게 되겠는가?

박 회장은 특유의 스윙으로 두 번째 샷을 해 그린 120m 전방에 안전하게 떨구어 놓았다.

"투 온을 노려 봐?"

김 상무는 비록 페어웨이는 벗어났지만 거리가 240m 정도 나와서 남은 거리가 230m 정도인데다, 핀 역시 앞 핀이라 욕심이 나긴 했다. 하지만 김 상무는 이 사장이 욕심 때문에 실수하는 것을 보고 냉정하게 자신을 타일렀다.

"무리하지 말자. 편안하게 가자."

3번 우드로 가볍게 스윙을 했다. 공은 똑바르게 날아가 김 상무가 원하는 장소, 그린 앞 50m 전방에 안착을 했다. 이런 굿 샷은 내 몸 속 어딘가에 더 훌륭한 샷을 할 수 있다는 확신이 있기 때문에 나온다. 샷이 계획했던 그대로 떨어졌을 때 느끼는 기분은 이루 말할 수 없을 정도로 짜릿하다. 플레이의 진정한 기쁨은 하나하나의 샷이 준 난제를 해결하려는 지적 과정에 있다.

하지만 그런 샷이 지속적으로 이루어지도록 하려면 자신이 치려는 샷에 전력을 다해야 하고 그것을 위한 자신의 스윙을 믿어야 한다. 그 둘 중에 하나라도 없다면 아주 힘든 상황이 닥칠 수 있다.

이 사장이 세 번째 샷을 준비하고 있는 동안 페어웨이에서 세 사람이 여유롭게 기다리고 있었다.

"박 회장님, 골프공과 자식의 공통점이 뭔 줄 아세요?"

여유가 생긴 김 상무가 농담을 꺼냈다.

"글쎄, 공하고 아들이라? 뭘까? 전혀 공통점이 없어 보이는데."

"최 교수님은 아세요?"

최 교수도 모르는 눈치다. 김 상무는 웃으며 이야기했다.

"둘 다 패면 나갑니다."

박 회장은 대답을 듣자마자 파안대소를 하며 웃었다. 고지식한 최 교수는 아직도 눈치를 못 채고 되물었다.

"패면 나간다니요?"

"공을 힘껏 패면 즉, 때리면 OB가 나서 나가 버리고, 자식도 두들겨 패면 집을 나간다는 말이지요."

그제서야 알아차린 최 교수도 박장대소를 하였다.

"그것 처음 들어 보는 건데 아주 재미있는 유머구먼. 그러면 나도 하나 해볼까?"

박 회장도 유머를 하나 하겠다고 나섰다.

"뭔데요? 회장님."

"나도 공통점 문제지. 마누라와 캐디의 공통점이 뭔지 아시나요?"

박 회장은 주위를 둘러보고 조심스럽게 말했다. 마침 캐디는 이 사장 클럽을 가져다주기 위해 저 멀리 떨어져 있었다. 김 상무와 최 교수는 서로 얼굴만 멀뚱하게 쳐다볼 뿐 대답을 못했다. 박 회장이 웃으며 답을 가르쳐 주었다.

"첫째, 항상 파트너를 무시하고 비웃는다. 둘째, 얼굴값을 한다. 셋째, 참견하고 잔소리를 한다. 그리고 마지막으로 나쁜 스코어에는 책임 없고, 좋은 스코어에는 공을 내세운나라는 서시요."

박 회장의 해석을 듣고 보니 모두가 일리 있는 말들이었다. 세 사람이 이렇게 유머를 즐기며 여유를 부리고 있는 동안, 이 사장은 세 번째 샷에서도 그린에 올리지 못했다.

세 사람은 모두 가볍게 세 번째 샷에 그린에 올렸고 이 사장은 칩샷(Chip shot)으로 겨우 그린에 올렸다. 네 사람이 그린으로 모였다. 그린에 올라온 네 사람은 한결같이 놀랐다.

"야! 이게 뭐야? 2단 그린이잖아?"

이 홀이 파 5치고는 평탄한데 스트로크가 6인 이유가 있었다. 코스의 난이도를 나타내는 코스 레이트(Course rate)는 스트로크 또는 핸디캡

(HDCP)을 사용한다. 스코어 카드에 스트로크 6으로 표시되어 있는 것은 6번째로 어렵다는 뜻이다. 이 홀의 스트로크 함정은 바로 그린이 2단으로 만들어져 있다는 것이다.

박 회장과 최 교수의 공은 그린 아래 단에 위치했고, 이 사장과 김 상무의 공은 핀이 있는 상단에 위치해 있었다. 그린이 2단인데다가 핀의 위치마저 아주 고약한 곳에 있었다. 바로 위아래를 가르는 경계선 1m 뒤에 홀이 위치해 있었다. 가장 멀리 있던 박 회장이 언덕을 향해 강하게 퍼팅을 했다.

"가라! 가라! 이놈아 더 가라!"

박 회장은 공에게 기합을 넣었다. 공은 언덕을 타고 넘어 1m 이상 지나서 홀 위에서 멈춰 섰다. 이 광경을 본 최 교수는 경계선만 넘길 요량으로 퍼팅을 했다. 최 교수의 공이 언덕을 올라오다 점점 속도가 죽었다.

"조그만 더, 조그만."

최 교수 역시 공에게 주문을 걸었다. 하지만 공은 언덕 경계선까지 올라와서는 멈추는가 싶더니 움찔움찔 뒤로 움직였다. 결국 공은 경사면을 타고 다시 내려오고 말았다. 도리어 처음 있던 곳보다 더 내려가 버렸다.

"아니! 이럴 수가!"

낙담한 최 교수는 어쩔 줄을 몰랐다. 하지만 거리가 멀기 때문에 또 한 번 퍼팅을 해야만 했다. 최 교수는 길게 심호흡을 하고 마음을 다스렸다. 그리고 이번에는 좀 더 세게 퍼팅을 했다. 다행히도 언덕을 올라와 50cm 전방에 멈춰 섰다.

상단 부분에 있는 이 사장과 김 상무의 퍼팅 차례가 되었다. 조금 위에 있는 김 상무가 먼저 퍼팅을 했다.

"그래, 나도 버디 한 번 하자!"

김 상무는 신중하게 퍼팅을 했다. 공은 브레이크를 따라 잘 내려갔다. 그리고는 홀 컵의 왼쪽을 타고 들어갔다.

"어?"

세 사람은 모두 들어가는 줄 알고 깜짝 놀랐다. 그런데 공이 흘러들어가는가 싶더니만 오른쪽으로 돌아나왔다. 세 사람은 동시에 "휴~" 하는 안도의 한숨이 터져 나왔고, 한 사람은 외마디 비명소리를 냈다.

"야!"

김 상무는 고개를 돌려 버렸다. 마지막으로 이 사장은 가까스로 그린에 올라왔으므로 어떻게 하든 퍼팅으로 만회하려 했다. 가장 가까이 붙여 놓은데다가 퍼팅에는 자신감이 있었기에 1퍼팅을 노렸다. 약산 내리막이지만 평소 하던 대로 크게 신경 쓰지 많고 툭 하고 밀었다. 공이 홀 근처를 지나쳐 계속 내려가 급기야는 하단까지 내려가 버렸다.

"어, 내리막이 그렇게 심했나?"

자만에 대한 형벌은 너무나도 처절했다. 결국 이 사장은 3퍼트를 했다. 자만과 욕심이 부른 결과이다. 이런 와중에도 침착하게 박 회장은 가장 까다로운 내리막 1m 퍼팅을 성공시켰다.

"이 사장 4온에 3퍼터로 더블 보기네."

김 사장이 이 사장의 성적을 확인했다.

"아니, 트리플(Triple)."

이 사장은 입이 퉁퉁 불은 채로 대답했다. 무려 3타를 오버한 8개를 친 것이다.

"아까, 나무 밑에서 나오다가 한 번 더 쳤어. 그래서 5온 했지."

나머지 세 사람은 한가로이 농담을 주고받느라 그 광경을 보지 못했다. 그래서 모두 4온 인줄 알고 있었던 것이다. 하지만 이 사장은 자진신고를 했다.

골프는 "타인에게 관대하고 본인에게 엄격해야 한다."라는 페어 플레이(Fair play) 정신과 투명성을 기본으로 하는 운동이기 때문이다. 스스로를 속일 수 있는 수많은 순간에 누구나 완벽하게 혼자인 것이다. 그래서 골프는 인간으로서의 장단점을 적나라하게 드러낸다.

이 사장은 타인의 눈을 피할 수는 있지만 자기 양심의 눈을 피해갈 수가 없었다. 골프에서는 정직보다 더 많이 핸디캡을 주는 것이 없다.

"괜찮은 친구로군."

그동안 이 사장의 경기를 조용히 지켜보던 박 회장은 이 사장의 됨됨이를 다시 보게 되었다. 이 사장은 골프 경기의 진짜 '스코어'를 높인 것이다.

18홀 코스를 같이 돌아보면 그 사람의 됨됨이를 알 수 있다고 했다. 처음 만난 사람과 골프를 하게 되었을 때 상대가 골프를 어떻게 하는지를 유심히 관찰하면 그 사람에 대해 많은 것을 알 수 있다.

이 홀의 최종 결과는 박 회장과 김 상무는 파, 최 교수는 보기, 이 사장은 트리플 보기를 했다. 결국 최 교수는 파를 못해 롱기스트마저 놓치고 말았다. 그나마 다행인 것은 스킨은 무승부가 된 것이다.

골프의 다른 멋진 특징은 경기 도중 자기 통제를 하면서 정직, 융화, 호의 등을 기를 수 있다는 것이다. 골프는 철저하게 자신을 상대로 경기해야 한다. 하지만 자기 자신과의 싸움은 처절할지라도 동반자에 대한 배려를 잊으면 안 된다. 이겼을 때도 교만하지 않고, 졌을 때도 비굴하지 않으며, 같이 플레이 하면 주위 사람들에게 즐거움과 여유로움을 느끼게 해야만 한다.

골프가 그저 단순한 게임이기 전에 하나의 사교 모임임을 명심해야 한다. 그래서 골프에 필요한 것은 페어(Fair)한 정신, 좋은 동료 그리고 봄바람 같은 유머이다. 골프의 위대한 기록에 궁극적으로 실리는 것은 스코어가 아니라 성장, 온전함, 기쁨, 골프 게임에 대한 사랑을 얼마나 잘 표현했느냐이다.

Magic tips
골프 유머

혼자서 알려 들면 늦게 알게 되고, 함께 알려고 하면 빠르게 알게 되느니
(自知 晚知, 補知 早知)

• 매 주일마다 골프를 즐기는 목사가 있었다. 한 신도가 보다 못해 하느님께 기도를 했다.

"하느님, 주일에 골프를 치는 목사님을 혼내 주세요."

하느님은 신도의 소원을 들어 주기로 했고, 골프를 즐기고 있는 목사를 향해 번개를 내리쳤다. 그런데 목사가 안 맞고 엉뚱한 동반자가 맞아 죽었다. 신도가 또 기도를 했다.

"하느님, 왜 목사가 아니고 엉뚱한 사람을 벌 주셨나요?"

하느님은 답했다.

"나도 OB가 났다. 다음에는 실수 없도록 하마."

그런데 다음 주일에 목사가 골프를 나가 홀인원을 했다. 다시 그 신도는 하느님께 원망 섞인 기도를 했다.

"하느님, 목사를 혼내 준다고 하시고는 홀인원을 시켜 주면 어떻게 하십니까?"

그러자 하느님은 이렇게 답하셨다.

"그 목사가 홀인원을 하고서도 자랑을 못 할 테니 이보다 더 큰 형벌이 어디 있겠느냐?"

• 이스라엘 총리가 교황에게 유태인과 천주교인 중 누가 강한지 골프로 승부를 내자고 제의를 했다.

교황은 골프를 쳐 본 적이 없어 걱정스러웠다. 추기경은 말했다.

"걱정하실 필요가 없습니다. 미국에 전화해서 잭 니클라우스(Jack Nicklaus)와 통화해 추기경으로 만들면 됩니다."

경기는 이루어졌고 잭 니클라우스는 경기 결과를 교황에게 알려 왔다.

"교황님, 준우승했습니다."

교황은 놀라서 소리쳤다.

"이스라엘 총리에게 졌단 말이오?"

"아니오, 랍비 타이거 우스(Tiger Woods)에게 졌습니다."

• 어느 날 한 골퍼가 응급실에 급히 들어왔다. 그는 골프공이 목에 걸려 곧 숨이 넘어갈 것 같았다. 그래서 곧바로 수술실로 보내져 수술을 했다. 그때 한 사람이 간호사실로 들어와 그 남자의 상태가 어떤지 물었다.

"그 사람 어때요? 오래 걸릴까요?"

"아, 보호자이시군요."

간호사가 말했다.

"아니오. 그건 내 공이오. 일행이 11번 홀에서 기다리고 있다고요!"

Magic tips

• 두 명의 노인이 60년 동안 친구로 지내며 매일 골프를 쳤다. 어느 날 한 노인이 친구에게 말했다.

"누가 먼저 죽든지 다시 돌아와서 천국에 골프가 있는지 가르쳐 주도록 하세나."

둘은 동의했다. 몇 주 후, 한 명이 죽었다. 그러던 어느 날 8번 홀에서 죽은 친구를 보았다.

"찰리, 자네인가?"

"그래, 나일세. 약속을 지키러 왔네."

"거기에서도 골프를 치나?"

"글쎄 미안하지만 나쁜 소식과 좋은 소식이 있네. 좋은 소식은 천국에서는 원하는 만큼 공짜로 칠 수 있다는 것이고, 나쁜 소식은 다음 주 토요일부터는 자네도 같이 치도록 되어 있다네."

7번 홀
골프는 뿌린 대로 거둔다

내 기도가 전혀 먹히지 않는 곳은 바로 골프장이다.

– 빌리 그래함

파 3홀로 129m 거리의 아일랜드 홀(Island hole)이다. 그린이 마치 섬과 같다고 해서 그렇게 부른다. 거리는 129m이지만 내리막이라 조금 짧은 편이다. 하지만 그린은 호수로 둘러싸여 있는 큰 섬 중앙에 위치해 있다. 좌측에서 섬으로 건너가는 다리가 있을 뿐 사면이 모두 물로 둘러싸여 있다. 다만 그린 앞쪽으로 물과 그린 사이에는 여유가 있지만 좌우에 벙커가 입을 벌리고 있다. 그래서 아주 정확하게 치지 않으면 큰 어려움을 겪게 되는 홀이다.

"야! 이 홀 장난이 아닌데, 아주 까다로워."

먼저 티잉 그라운드에 올라선 박 회장이 난감한 표정을 지었다. 조금만 길게 치면 뒤쪽 물에 빠질 것 같고, 짧으면 앞쪽 벙커에 들어갈 것 같아 좀처럼 클럽을 선택하지 못하고 있었다. 인생이 그렇듯이 골프도 최선의 선택을 해야 하는 과정이다. 인생에서나 골프에서나 자기 자신과 싸워 나가야 하는 것은 마찬가지다. 또 코스에서만 해저드에 대처해야 하는 것이 아니고, 인생의 여정에서도 그 나름의 해저드와 맞서야 한다.

박 회장은 거리가 워낙 짧으므로 조금 길게 치기로 했다.

"그래, 6번 아이언이다. 미라 씨, 6번 아이언을 줄래."

캐디가 6번 아이언을 박 회장에게 건넸다.

"주사위는 던져졌다. 하늘에 맡길 수 밖에."

박 회장은 6번 아이언으로 매끄러운 샷을 날렸다. 공은 왼쪽 낭떠러지 쪽으로부터 불어오는 기류를 타고 그린 위로 떨어지는 듯했다.

"나이스 샷"

아직 공이 떨어지지 않았는데 캐디가 환호를 했다. 그런데 잘 날아가던 공이 갑자기 툭 떨어지면서 그린 오른쪽 벙커로 들어가 버렸다.

"미라 씨, 어째서 저게 나이스 샷이냐!"

박 회장이 핀잔을 주었다.

"회장님 공이 아주 잘 맞았는데, 호수 근처에서 맞바람이 부나 봐요. 죄송합니다."

캐디도 잘못을 사과하면서도 이상하다는 듯이 고개를 갸우뚱했다. 티잉 그라운드는 바람이 잔잔했다. 하지만 그린 근처에서는 바람 부는 것 같았다. 그린 위에 깃발이 조금 펄럭이고 있었다. 호수 수면 때문에 바람이 일고 있는 것이다.

"어, 그렇네. 깃발이 펄럭이고 있네."

김 상무는 다시 내려가 클럽을 바꿨다. 129m지만 내리막을 감안해서

120m 정도로 계산했다. 명소대로라면 8번 아이언 거리가 맞는데 김 상무는 한 클럽 길게 7번 아이언을 뽑아 들었다. 김 상무의 공도 공중으로 날랐다. 박 회장과 거의 같은 곡선을 그리며 그린을 향해 날아갔다.

"아니, 이건 또 뭐야?"

김 상무의 신음소리가 나왔다. 박 회장과 똑같이 벙커로 들어갔다. 공이 떨어진 위치도 거의 같은 장소였다.

"아니, 맞바람이 그렇게 세나?"

명석한 최 교수는 잽싸게 클럽을 바꿔 들었다. 최 교수의 공은 좀 더 멀리 날아가 그린 위에 떨어졌다. 그린에 맞은 공은 한참을 굴러 끝자락에 멎었다. 반대로 이 사장의 공은 그린 앞에 떨어졌다. 결국은 그린에 올린 사람이 최 교수 한 사람밖에 없었다. 그린 끝자락에 안착한 최 교수만이 니어리스트 자격이 되었다.

어떤 스포츠보다도 골프가 가진 가장 큰 이점은 넓은 필드에서 자연을 느끼며 할 수 있는 운동이라는 것이다. 다양한 골프 코스에서 지인들과 즐기는 골프야말로 주말 골퍼들이 스트레스를 날릴 수 있는 좋은 운동이다. 또한 되도록 걸어서 이동하면 운동효과도 있고 자연을 즐기며 여유를 느낄 수 있을 것이다. 가까운 거리이거나 골프 백이 그리 무겁지 않다면 걷도록 하자. 물론 먼 거리라면 전동 카트가 유용하다.

샷을 마친 네 사람은 전동 카트를 타고 그린 쪽으로 내려갔다.

"아니, 어느 공이 누구 것인지 알 수가 없네."

전동 카트에서 내려 먼저 벙커에 도착한 김 상무는 나란히 모래에 박혀 있는 공을 보고 도저히 어느 공이 자기 공인지를 분간할 수 없었다. 두 사람 모두 공이 높이 떴던 바람에 모래 속으로 푹 박혀 버린 것이다.

"나는 타이틀리스트(Titleist) 4번인데."

박 회장이 자기 공의 상표를 말했다. 공교롭게도 두 공 모두 깊이 파묻혀서 공을 식별할 수 있는 상표는 물론 번호마저도 안 보였다.

"허허, 이거 큰일났네. 벙커에서는 공에 손을 댈 수 없고, 만약 남의 공을 치면 2벌타인데, 이거 난감하네. 어떻게 하지."

김 상무가 난감해서 걱정하고 있는데 최 교수가 다가와 말했다.

"2008년 신 개정 룰에 의하면, 벙커에 박힌 공을 식별하기 위해서 집어들 수가 있도록 개정되었으니 공을 집어 확인하시면 됩니다."

최 교수는 대학교수답게 명쾌하게 새로운 골프 룰을 설명해 주었다. 새로운 규정 덕분에 불행 중 다행으로 공을 끄집어내서 확인을 했지만 그래도 아직 문제가 다 해결된 것은 아니다. 공의 위치가 고약해서 벙커 탈출이 만만치 않기 때문이었다.

조금 뒤쪽에 있던 박 회장이 먼저 샷을 했다. 모래를 너무 얇게 파서 공이 벙커를 탈출하지 못하고 벙커 턱에 맞아 다시 벙커로 들어와 버렸다. 공이 굴러내려온 위치가 벙커의 한복판 평탄한 곳이라 이번에는 손쉽게 탈출을 해 겨우 그린 오른쪽에 올렸다. 박 회장은 세 번만에 그린에 올렸다. 그리고 벙커에 난 자국을 정리하려고 했다.

"제가 정리하겠습니다."

김 상무는 벙커를 정리하려는 박 회장을 말렸다. 어차피 김 상무도 샷을 한 다음 정리를 해야 되기 때문이다. 김 상무는 두 발을 모래에 비벼 깊게 묻었다. 안정된 자세를 취하기 위해서이다. 김 상무의 샌드 웨지(Sand wedge)는 공의 뒤쪽 모래를 깊숙이 팠다. 공은 모래와 함께 떠올랐지만 겨우 벙커를 넘어 그린 앞에 사뿐히 떨어졌다. 벙커를 한 번에 탈출하기는 했지만 그린에 올리지는 못했다.

골프는 전천후 게임이다. 가혹한 상태에 익숙한 자만이 이기는 것이다. 볼에 마음을 집중시켜서 자연스럽게 클럽 헤드가 움직일 때까지 정신통일을 할 수 있어야 한다. 오직 부단한 연습이 아니고서는 갖추지 못하는 것이다.

김 상무는 어려운 위기를 잘 모면했다. 하지만 난관은 여기가 끝이 아니었다. 핀의 위치가 중앙인데 그린이 가운데가 높은 포대(包臺) 그린이었다. 게다가 핀은 중앙 앞쪽에 꽂혀 있어 최 교수는 오르막 내리막을 다 감안해야만 했고, 나머지 세 사람은 오르막 퍼팅이다.

다음 샷의 순서가 문제였다. 세 사람은 그린에 올라가 있고, 김 상무는 미처 올라가지 못한 상황이었다.

"김 상무, 먼저 하시지요."

최 교수가 그린에 올리지 못한 김 상무에게 먼저 하라고 말했다. 대부분의 골퍼들은 그린에 올려 놓고 퍼팅 순서를 정하기 때문이다. 이것은 골프 규칙을 잘못 알고 있는 관행 때문이다. 그 이유는 그린에 공이 다 올라와서 핀을 한 번만 뽑으면 편하므로 생긴 관행이다. 하지만 정식 룰에는 그린 온과 상관없이 먼 사람이 먼저 하기로 되어 있다.

"아니, 최 교수님 먼저 퍼팅하시지요."

김 상무는 룰대로 정중하게 양보를 했다. 비록 김 상무가 그린에 올라가지는 못했지만 최 교수의 거리가 더 멀리 있기 때문에 먼저 퍼팅을 해야만 한다. 캐디가 재빨리 달려가 핀을 뽑아 들어 홀의 위치를 알려 주었다. 최 교수는 지난 홀의 퍼팅 기억이 떠올랐다. 그래서인지 첫 퍼팅은 짧았다.

남은 거리는 1m 정도지만 오르막과 내리막이 반반이어서 더 까다로워졌다. 캐디가 다시 깃발을 홀에 꽂았다. 김 상무는 그린 밖이지만 퍼팅을 했다. "잘못된 칩 샷보다 잘못된 퍼팅이 낫다."라는 골프 격언을 신봉하기 때문이다.

하지만 김 상무는 이 사장처럼 장외 퍼팅의 달인이 못 되었다. 공은 그린 밖의 잔디 저항을 정확히 계산하지 못해 결국 홀 1m 전방에서 멈쳐 서고 말았다. 김 상무는 '충분히 세게 쳐야 해!' 라는 생각이 몸을 지배하고 있어서 공은 홀 컵을 훨씬 지나가 버렸다.

헬렌 데트와일러는 "홀을 지나치게 치지 않으면 들어가지 않는다.(Never up, never in.)"뿐만 아니라 "항상 지나치는 볼은 절대 들어가지 않는다.(Always up, never in.)"라고 했다. 그 말이 현실로 나타난 것이다. 결국 김 상무는 이 홀에서 더블 보기를 했다. 박 회장 역시 2퍼트로 더블 보기를 했다.

이 사장은 직관을 믿고 몸의 지배권을 맡겨 그린 주변에서 훨씬 감각적인 퍼팅을 할 수 있었다. 그린 밖에서 한 첫 퍼팅을 1m 이내에 붙여 파를 했다.

한편, 최 교수는 절체절명의 퍼팅을 남겨 놓았다. 만약 퍼팅을 성공시키지 못하면 니어리스트가 날아갈 뿐 아니라 스킨마저도 이 사장에게 빼앗기게 되는 것이다. 지난 홀에서 롱기스트를 날린 아픈 악몽이 되살아났다.

"흠~"

최 교수는 이 퍼팅이 들어가 달라고 마음속으로 기도했다.

'미묘한 샷일수록 손잡이는 부드럽게, 마음은 단단히 가져야 한다.'

최 교수는 자기 자신을 타일렀다. 그리고 이 퍼팅에 집중을 했다. 과거를 잊는 최고의 방법은 엄청난 긴장감을 가지고 현재의 순간에 집중하는 것이다. 최 교수는 심호흡을 하고 나서 프리 루틴에 들어갔다.

평소에 최 교수는 60cm 이내의 퍼트는 약간 세게 퍼팅하는 편이지만, 90cm가 넘는 퍼트는 부드럽게 굴렸다. 최 교수는 평소대로 퍼팅을 했다. 하지만 공은 오르막을 채 넘지도 못하고 홀 앞에 섰다. 최 교수는 자신에게 너무 실망해서 "오딧세이(Odyssey) 투 볼 퍼터"를 힘없이 떨어뜨렸다.

"오케이, 기브."

박 회장이 이런 최 교수가 안쓰러워 기브를 주었다. 최 교수는 연이은 3퍼팅으로 롱기스트와 니어리스트를 모두 놓쳤다. 반면에 이 사장은 이번 홀에서 두 개의 스킨을 획득해 5만 원이 되어 처음으로 OECD에 가입했다.

"이 사장! OECD 가입을 축하해."

김 상무가 축하를 해주었는데, 이 사장은 어째 축하의 말로 들리지 않았다.

골프를 처음 시작했을 때는 거리가 짧은 파 3홀이 가장 쉬웠지만 구력이 늘어나면서 가장 어려운 홀이 파 3홀이라고 한다. 프로 선수들도 파 3에서 점수를 줄이기도 하지만 잃기도 하는 마(魔)의 홀이다. 거리가 짧은 홀이라서 실수를 하면 그것을 만회할 기회가 적기 때문이다. 결국 골프에서 정말로 중요한 것은 자기 자신을 얼마나 잘 극복하는가이다.

"전쟁터에 나갈 때는 한 번 기도하고, 바다에 나갈 때는 두 번 기도하고, 결혼할 때는 세 번 기도하라."라는 러시아 속담이 있다. 하지만 필드에 나갈 때는 네 번 기도를 해야만 한다.

Magic tips

골프 에티켓

적을 만들려거든 친구를 이겨라. 벗을 만들려거든 친구가 이기게 하라.
- 라 로슈푸코

• 볼을 맞았을 때

볼을 쳤을 때 앞에 있는 나무에 맞아서 튀어나와 친 사람이 맞아 버리는 경우도 있다. 그런 경우에는 아픈데다가 2페널티를 빼앗긴다. 다음 플레이는 볼이 멈춘 곳에서부터 계속해 나가게 된다. 또한, 자기의 캐디나 가진 물건에 맞은 때도 페널티가 붙는다. 매치플레이를 하고 있을 때는 그 홀은 진다.

• 볼이 못에 떨어졌을 때

못이나 내에 볼이 떨어졌을 때는 2가지 방법이 있다.
① 워터 해저드의 후방에서 볼이 경계선을 최후로 넘는 점과 홀을 잇는 직선상에 드롭한다. 그 선상이라면 드롭하는 장소는 워터 해저드로부터 얼마간 뒤라도 무방하다.
② 그 볼을 플레이한 원위치로 돌아와서 친다. 어느 경우든 1페널티를 가산하여 쳐나간다.

• 그린 위에서 남의 공에 맞았을 때

양쪽 볼이 그린 위에 있고, 한쪽 플레이어가 남의 볼에 댔을 때는 댄 쪽에 2페널티가 붙는다. 얻어맞은 사람의 볼은 원위치에 리플레이 하면 된다. 부딪친 쪽은 2타 물려서 볼이 멈춘 곳부터 플레이를 계속해 나간다.

• 실수로 남의 볼을 친 경우

그 홀의 플레이를 마친 뒤 오구라는 것을 알면, 원위치에서 다시 쳐야 한다. 2타의 페널티다. 그 경우 오구의 타수는 스트로크에 가산하지 않는다. 매치플레이에서 남의 공을 실수로 치년 그 홀은 진다.

• 그린의 면을 손으로 만졌을 때

그린 위에서 볼을 굴린다거나 그린 면을 비비면 그린 위의 테스트로 간주되어 2페널티이다. 그러나 라인 위는 아니고 볼의 후방에 손을 짚는 정도는 무방하다.

• 벙커에서 남의 공을 쳤을 때

벙커 속에서는 남의 공을 실수로 치고 다시 자기의 공을 칠 경우 페널티가 붙지 않는다. 실수로 친 남의 볼은 원위치에 리플레이 한다.

Magic tips

• OB 했을 때

OB 선에 볼을 쳐서 넣으면, 그것이 티쇼트인 경우에는 다음의 쇼트는 제 3타째가 된다. 반드시 볼을 친 원위치거나, 그 위치에 가까운 장소에서 쳐 나가지 않으면 안 된다. 원위치는 돌아가지 않고 OB 했다고 생각되는 장소에서 쳐 나가면 실격이다.

• 볼에 흠이 났을 때

볼에 흠이 나거나 금이 크게 나서 사용할 수 없을 때, 그 볼이 현재 플레이 하고 있는 홀에서 생긴 흠이라면 다른 볼과 바꿀 수 있다. 그 경우, 다른 플레이어의 입회를 받아야 한다.

8번 홀
골프는 전략이 필요하다

골프란 계속적인 조정을 해야 하는 게임이다.

– 벤 호건

파 4홀이다. 거리는 330m로 비교직 짧지만 오른쪽으로 돌아가는 노그 레그(Dog Leg)홀이다. 홀의 모양이 우측으로 90도 굽어져 있어 마치 개(Dog)의 뒷다리(Leg) 모양과 같다고 해서 붙여진 이름이다.

오너인 이 사장은 아무런 생각 없이 드라이버를 들었다. 그리고는 힘껏 스윙을 했다. 공은 페어웨이 중앙을 향해 날아갔다. 페어웨이에 떨어진 공은 한 번 튀더니 곧장 나무 숲 쪽으로 들어가 버렸다. 코스를 관통해 OB 지역으로 들어간 것이다. 주말 골퍼들이 저지르는 가장 흔한 실수는 레이업(Lay up) 플레이를 하도록 설계된 홀에서도 드라이버를 고집하는 것이다. 이 사장이 그런 실수를 한 것이다.

"아니, 거리가 그렇게 가까웠나?"

이 사장은 꺾어지는 지점을 과대평가한 것이다. 드라이버 샷이 OB 구역으로 날아가는 것을 보고 최 교수가 위로의 말을 해주었다.

"아직 기회는 있습니다. 항상 희망은 있으니까요."

최 교수는 재빨리 3번 우드를 잡았다. 그리고 스윙을 줄여 가볍게 공을 쳤다. 같은 방향으로 날아간 공은 페어웨이를 지나 러프(Ruff)에 아슬아슬하게 멈췄다.

"아니, 3번 우드도 길었네!"

최 교수는 안도의 숨을 내쉬고 티잉 그라운드를 내려왔다. 하지만 박 회장은 아무리 드라이버로 쳐도 페어웨이를 벗어나지 않았다. 도리어 정확히 페어웨이 중앙에 떨어졌다. 마지막 차례인 김 상무는 아예 우드를 포기하고 4번 아이언을 선택했다.

게임에서 코스 매니지먼트는 골퍼 지능의 높낮음이 아니라 결단의 좋고 나쁨의 문제이다. 처음 티 샷을 무조건 드라이버를 고집할 필요가 없다. 상황에 따른 전략적인 샷을 구사해야 한다.

전략이란 나누기이다. 멀리 보내는 것이 아니라 내가 원하는 곳으로 보내기이다. 몇 m를 보냈느냐가 아니라 앞으로 몇 m가 남았는가를 생각해야 한다. 첫 샷을 다음 샷 하기 좋은 곳까지 보내는 것이 바로 전략이다. 최고의 타깃은 당신이 공을 보내고 싶은 곳이다. 그리고 최선의 의도는 자신의 스윙을 믿는 것이다. 또한 게임을 즐기는 것이다.

"나이스 샷!"

김 상무의 전략대로 페어웨이 정중앙에 공이 떨어졌다.

"그래, 이거야!

김 상무는 주먹을 불끈 쥐었다.

OB가 난 이 사장은 150m 지점에 설치된 OB 티에서 제 4구를 날렸다. 국제 룰에는 OB 티가 없다. 일본과 한국 등 일부 동남아 나라에서만 게임 진행을 빠르게 하기 위해 만들어 놓은 편법이다. OB 티에서 친 이 사장의 공은 그린 중앙에 잘 떨어졌다. 하지만 벌타 2타를 먹어 4번만에 그린에 올렸다. 이 사장은 타수만 손해 본 것이 아니라 벌금 1만 원도 내야 했다.

최 교수의 러프에서 친 두 번째 공은 탄력을 못 받고 그린에 한참 모자라게 떨어졌다. 박 회장은 특유의 짤순이 샷으로 겨우 그린 에이프론(Apron)에 걸쳐 놓았다. 김 상무는 파 온을 하기 위한 두 번째 나누기 전략을 구사했다. 항상 그린 중앙을 겨냥하고 5번 이하의 아이언을 선택하기로 마음먹었다. 날아가는 런(Run)과 굴러가는 캐리(Carry)로 나누어 생각했다.

"미라 씨, 7번 아이언 좀 줄래요."

핀이 그린 뒤쪽에 위치하고 있어 앞에 떨어뜨리려는 전략을 세웠다. 공은 커다란 포물선을 그리며 그린 정중앙에 그대로 꽂혔다. 그린에 볼 자국을 남기고 약 1m 정도 앞으로 구르고는 바로 섰다. 홀과 불과 2m 정도밖에 안 떨어졌다.

"바로 이 맛이야."

완벽한 스윙을 날렸을 때, 그리고 마음먹은 대로 숏 게임이 정확하게 풀렸을 때 느끼는 짜릿한 기쁨은 다른 무엇과도 비교할 수 없다. 연거푸 2번의 샷이 의도대로 된 김 상무는 콧노래를 흥얼거리며 그린으로 올라왔다.

최 교수는 약 40m 정도 남았다. 40, 50m는 정말 골치 아픈 거리라고 할 수 있다. 일본 사람들은 이 거리를 '마의 영역'이라 부를 정도이다.

"띄울까? 굴릴까?"

최 교수는 한참 동안 망설이다 굴리기로 결정했다. 그린 주변에 장애물이 없기 때문에 실수 없이 그린에 올려 두 퍼트로 보기를 했다. 박 회장은 역시 퍼팅이 짧아 2퍼트로 보기로 마무리를 했다.

이제 김 상무의 퍼팅은 아무런 부담이 없었다. 투 퍼트만 해도 파가 되기 때문이다.

부드럽게 친 첫 퍼트는 거의 들어갈 뻔했다. 바로 5cm 앞에 섰다.

"에이, 한 바퀴만 더 구르지."

김 상무는 여유를 부리고는 퍼터로 공을 탭인(Tap in)을 해 홀 컵에 넣었다. 가볍게 파를 했다.

마지막으로 이 사장의 퍼트가 홀을 지나 80cm 정도에 멈췄다. 평상시 같으면 무조건 기브를 주는 거리지만 이번에는 아무도 기브를 주지 않았다.

"한 번 더."

김 사장은 약을 올렸다. 이 사장은 이미 OECD에 가입한 상태라서, 만약 이 퍼트를 실패하면 3퍼트로 벌금을 두 개 내놓아야 하기 때문이다. 평소 이 사장의 퍼팅 실력으로는 이 정도 거리의 퍼팅이 아무 것도 아니지만 매우 긴장을 했다. 퍼터를 떠난 공은 홀을 스치는 듯하다가 홀 컵 안으로 떨어졌다.

"어휴, 십 년 감수했네."

이 사장은 놀란 가슴을 쓸었다. 더블 보기로 막아 OB 벌금을 1개만 내면 되었다. 김 상무는 스킨 하나에 벌금 하나로 2만 원을 챙겼다. 갑자기 상금 랭킹 2위로 부상한 것이다.

> 인생이란 게임에 수많은 변수를 제어할 수 없듯이, 골프 경기에서도 우리가 어쩔 수 없는 변수가 존재하기 마련이다. 한 라운드를 어떻게 할 것인가는 '전략'이고, 각 홀을 어떻게 공략할 것인가는 '전술'이며, 한 타를 어떻게 칠 것인가는 '전투'이다.
>
> 경험에서 배우는 것 대신에 결과만을 중시한다는 점에서 인생과 골프는 서로 비슷하다. 인생이나 골프가 모두 여행이며, 바로 그 여행 자체가 목적지보다 훨씬 중요하다는 사실을 깨우쳐 준다.

Magic tips
라운드 전략

골프의 80%는 두뇌 싸움이다.

― 벤 호건

　골프는 매 순간 최상의 선택으로 최적의 기회를 포착해야 하는 의사결정 게임이다. 몇 타를 칠 것인가는 전체 목표이고, 어떻게 칠 것인가와 어디로 칠 것인가는 부분 목표이다. 상황에 맞는 적절한 전략을 구사해야 한다.

　미국 〈골프다이제스트〉지는 골프에 관해 다음과 같은 통계를 낸 적이 있다.

　"퍼팅 43%, 드라이버를 비롯한 우드 플레이 25%, 치핑 13%, 쇼트 아이언 7%, 미들 아이언 4%, 롱 아이언 3%, 트러블 샷 5%"

　이는 퍼팅 전략의 중요성을 암시하는 대목이다.

　또한, 미국 〈PGA 매뉴얼 북〉에 따르면 다음 네 부분이 골프의 전부라고 규정하고 있다.

　"볼을 때리는 기술이 25%이고, 쇼트 게임 전략이 25%이며, 정신적 마인드 컨트롤이 25%, 그리고 게임 매니지먼트가 25%"

　이 자료 역시 기량보다는 전략이 중요하다는 것을 보여주고 있다.

　무작정 공만 때려 앞으로만 보낼 것이 아니라 주변환경에 맞는 적절한 전략이 필요하다. 공은 온도에 따른 비거리가 달라진다. 30℃일 때

222야드, 24℃일 때 220야드, 18℃일 때 216야드로 약 10야드 정도의 오차가 생긴다.

뿐만 아니라 바람에 따른 거리변화도 크다. 맞바람 24㎞/h일 때 187야드, 바람 없을 때 200야드, 뒷바람 24㎞/h일 때 209야드로, 약 20야드의 차이를 보이기 때문에 바람에 따른 전략은 달라야 한다.

클럽 선택도 한두 클럽씩 차이가 난다. 비단 클럽 선택만이 아니라 스윙도 달라져야 한다. 바람을 다스리는 전략으로는 낮게 치는 넉다운 샷(Knock down shot)을 구사해야 한다. 그러기 위해서는 스윙은 짧게, 손은 낮게, 공은 스탠스 뒤쪽에 있어야만 한다.

라운드를 하는 코스에 대한 전략도 필요하다. 그린 전면과 깃대, 두 지점까지의 정확한 거리를 알아두어야 하고, 페어웨이의 어느 한쪽을 사용할 것인지 고려하여 티 샷의 위치를 잘 선택해야만 한다.

그리고 자신의 게임에만 몰두해야만 한다. 가급적이면 큰 숫자, 더블보기나 트리플을 피하는 전략을 구사해야 한다. 그러기 위해서는 무리하게 핀을 직접 공략하는 것보다는 그린의 안전한 부분을 향해 치는 것이 현명하다. 그리고 연습하지 않은 특수한 샷은 경기에서 절대로 시도해서는 안 된다.

기량과 환경 외의 사항에도 복장이나 행동에도 전략이 필요하다. 더운 날의 플레이에서는 가능한 한 밝은 색의 옷을 입고, 탈수증에 걸리지

Magic tips

않도록 충분한 물을 마셔야만 한다. 칼륨 수준을 유지하기 위해 과일(사과, 바나나)을 즐겨 먹으며, 힘을 아끼기 위해 다음 샷으로 이동할 때 천천히 걸어간다. 그리고 수건 한쪽 끝을 적셔서 몸의 열을 식히는 데 사용하도록 한다.

사소한 문제처럼 보이지만 이 모든 것이 스코어에 알게 모르게 영향을 주기 때문이다.

9번 홀
골프는 핸디캡(Handicap)이 있다

골프는 성격의 시험대다. 인내심, 균형 감각, 자기 억제 등을 잃어버리기 십상이기 때문이다.

– 빌리 캐스퍼

아웃(Out) 코스의 마지막인 9번 홀은 파 4홀로 거리는 347m이다. 티잉 그라운드에서 똑바로 클럽하우스를 향해 있는 직선 코스이다. 하지만 계속 오르막이고 마지막에 그린이 마치 봉우리 형상을 한 포대 그린이라서 정교한 샷을 요구하는 홀이다. 전반 9홀의 마지막 기량을 시험하는 홀인 것이다.

전 홀에서 2만 원을 챙긴 김 상무는 기세등등하게 티잉 그라운드로 올라갔다. 주말 골퍼들은 스윙의 목적을 "공을 타깃까지 보내는 것"이라 생각하지 않고 "공을 맞추는 것"이라 생각한다. 김 상무 역시 아무런 장애물이 없는 홀이라서 마음껏 스윙을 했다. 그런데 공은 오른쪽으로 휘어졌다. 다시 고질병인 슬라이스가 도진 것이다.

이 슬라이스는 성질 고약한 마누라와도 같다. 이 생명이 다하는 날까지 데리고 살 수 밖에 없는 운명이니, 골프를 끊든지 아니면 슬라이스를 데리고 평생 골프를 하든지 해야만 한다.

"겨우 2만 원 챙기고 다시 고질병이 도진 거요."

최 교수가 티잉 그라운드에 올라오면서 말로 상대방을 놀리는 이른바, '구찌 겐세이'를 했다. 구찌 겐세이는 일본 말로 당구에 사용되는 용어이지만 골프에서도 자주 사용된다. 사실 게임을 하면서 이것이 없으면 재미가 없다.

하지만 견제의 말 한마디가 그날의 승패를 좌우하기도 한다. 그래서 일명 '마우스 해저드(Mouth hazard)'라고도 부른다. 이 해저드에 걸려들면 한 타 이상 손해를 보는 것은 다반사이기 때문에 해저드 중 가장 나쁜 해저드로 악명이 높다.

다른 세 사람은 평소대로 잘 나가 페어웨이에 안착했다. 거리는 이 사장, 최 교수, 박 회장 순이었다. 가장 거리가 짧은 박 회장의 두 번째 샷은 그린 턱에 맞고 주르륵 굴러 내려갔다.

"에그그."

박 회장은 안타까워서 클럽으로 잔디를 쳤다.

최 교수와 이 사장은 두 사람의 공이 모두 그린에 떨어지는 것을 보고 회심의 미소를 지으며, 그린에 무사히 안착된 것으로 생각했다.

김 상무는 페어웨이를 벗어나 퍼스트 컷에 떨어진 공을 보니 라이(lie)가 마음에 들지 않았다. 골프에서 좋은 라이 혹은 나쁜 라이란 없다. 그저 공이 놓인 장소가 있을 뿐이다. 자기 주관에 의한 판단을 유보하고 상황을 있는 그대로 보게 되면 최상의 능력을 발휘하여 어려움을 타개

할 수 있는 방법을 찾을 수 있기 마련이다.

인생은 선택의 연속이다. 골프 역시 선택에 의해 운명이 갈린다. 골프를 치는 매 순간마다 클럽을 선택해야만 한다. "순간의 선택이 평생을 좌우한다"는 광고 문구처럼 골프에서도 순간의 선택이 그날의 스코어를 좌우하는 것이다.

비단 골프 클럽 선택만이 아니다. 매 샷마다 파 앤 슈어(Far and Sure) 중 하나를 선택해야 한다. 이 두 가지가 겸비되면 좋겠지만 주말 골퍼에게는 이것이 무리이다.

"그래, 한번 도박을 하지, 뭐."

김 상무는 3번 우드를 선택했다. 방향보다는 거리를 선택한 것이다. 하지만 스윙 템포가 조금 빨라 공의 머리 부분을 맞췄다. 공은 멀리 나가지 못하고 땅볼로 굴러갔다. 그래도 우드인지라 굴러갈 거리는 거의 다 갔다. 바로 가장 두려운 거리인 40m를 남겨 놓았다. 그린 근처에 다가와서도 칩 샷을 할 것인가, 퍼터로 굴릴 것인가 다시 한 번 고민을 하게 된다. 계속되는 선택의 연속이었다.

김 상무는 고민 끝에 피칭 웨지(Pitching wedge)를 선택했다. 가볍게 띄우려고 했지만 두텁게 맞춰 원하는 거리만큼 가지 못하고 겨우 그린 끝에 걸렸다. 세 번의 샷 모두가 뭔가 조금씩 부족했다. 마지막 순간에 본인도 모르게 힘이 들어간 것이다.

"힘 빼는 데 3년 걸린다고 했는데 10년이 다 되어도 안 빠지네."

김 상무는 혼자 푸념을 했다. 골프를 배우면서 가장 많이 듣는 소리가 "힘 빼라"와 "머리 들지 마라"이다. 하지만 아무리 똑똑한 골퍼들도 공만 보면 갑자기 IQ가 30으로 내려간다고 한다. 가장 쉬운 이 두 가지를 매번 샷을 할 때마다 잊어 먹기 때문이다.

"아니 공이 어디 간 거야?"

그린에 안착했을 것이라고 생각했던 이 사장과 최 교수가 그린에 올라와 보니 공이 안 보였다. 둘은 모두 의아했다. 이유는 그린이 높은 포대그린이라 배수가 잘 되어 매우 단단해서, 그린에 떨어진 볼들이 튀어서 뒤로 넘어간 것이다. 그린 뒤로 넘어간 두 사람의 희비는 엇갈렸다.

"아니, 뒤에 벙커가 있잖아. 그걸 알았으면 짧게 치는 것인데."

이 사장의 공이 벙커에 빠졌고, 최 교수의 공은 다행히 벙커 앞에 있었다. 결국 두 사람은 다시 그린을 향해 한 번 더 샷을 해야만 했다. 이 사장은 벙커 샷으로 절묘하게 그린에 올렸고, 최 교수는 빗맞아 아슬아슬하게 그린 턱에 걸쳤다.

박 회장은 어프로치 샷이 길어 그린을 살짝 지나 에지(Edge)에 멈춰섰다. 성격이 무던한 박 회장도 얼굴이 벌겋게 달아올랐다. 뭔가 마음먹은 대로 풀리지 않고 있는 것 같았다.

"모두들 긴장이 풀리셨나, 전반 마지막 홀에서 헤매고 계시네요."

똑같이 세 번째 샷에 그린에 올라왔지만 김 상무가 거드름을 폈다. 만만하게 보았던 파 4홀에서 아무도 파 온을 시키지 못했다. 그린 앞에서 박 회장이 퍼팅을 한 것이 홀 컵을 지나쳤고 다음 퍼팅도 홀을 외면했다. 결국 3퍼팅으로 더블 보기가 되었고, 나머지 세 사람은 2퍼트로 선방해 보기로 막았다.

이번 스킨도 무승부가 되었다. 다만 벙커에 빠뜨린 이 사장은 벌금 1만 원을 토해냈다. 후반 첫 홀인 10번 홀에는 스킨 2개와 벌금 1만 원이 합쳐진 3만 원짜리 큰 판이 되었다.

전반 9홀을 마친 것이 11시 20분으로 시간이 애매했다. 2시간 5분만에 전반 9홀을 마친 것이다. 주말 진행치고는 그리 나쁜 편이 아니었다. 마침내 전반 9홀을 마치고 클럽하우스로 돌아왔다.

클럽하우스에 돌아온 네 사람은 각자 먹을 음료수를 주문했다. 그런데 이 사장은 덥고 갈증이 났음에도 불구하고 시원한 음료수를 마시지 않겠다고 했다. 그는 이전 홀에서 트리플 보기와 연거푸 두 홀의 벌금을 냈기 때문에 자신에게 화가 나있었다. 그래서 시원한 음료수를 마시지 않는 것으로 자기 자신에게 벌을 수기로 작정한 것이다. 그는 자신의 스코어에 너무 집착해서 골프뿐만 아니라 시원한 물 한 잔도 즐길 수 없었다.

"허허, 이 사장 너무 그러지 마시지요. 나토에 가입하세요."

박 회장이 위로를 했다.

"나토라니요?"

이번에도 호기심 많은 최 교수가 먼저 물었다.

"나토(NATO)는 'Not Attached To Outcome'의 약자로 결과에 집착하지 않는다는 뜻이지요. 골프는 그저 즐기면 됩니다."

가벼운 대화를 나누다 보니 이 사장도 기분이 조금 풀렸다. 이 사장은 자연 속에서 함께 라운드 하며 지인들과 대화하는 것이 마음을 다스리는 데 많은 도움이 됨을 새삼 실감했다.

모두들 아직 점심을 먹기에는 너무 이른 듯해 가볍게 음료수를 시켜 먹으며 9홀을 되돌아보았다.

스코어는 최 교수가 6오버로 42타를 쳐서 제일 잘 쳤고, 다음으로 이 사장이 7오버로 43타를 쳤다. 박 회장과 김 상무는 8오버로 44타를 쳤다. 핸디캡을 감안하면, 박 회장이 자기 핸디캡보다 2타나 잘 쳤고, 최 교수는 1타를 잘 쳤다. 헌데 아이러니하게도 자기 핸디캡을 친 이 사장과 김 상무가 상금 랭킹은 1, 2위가 되었다.

그늘집 특강 2 골프에서 배우는 경영

비즈니스는
선택(Choice)이다

문명의 발전은 계속되는 도전에 대한 성공적인 응전으로 이루어진다.

– 아놀드 토인비

"스코어를 망치는 것은 라운드 중의 단 1타"라는 골프 교훈이 있다. 잘못 선택한 그 한 타가 운명을 좌우한다. 골프에서 단 1타 차이라도 이기기만 하면 수백 달러의 상금을 받는다. 비즈니스의 성공을 좌우하는 것도 바로 그 '1타' 이다.

골프는 전략적 사고방식을 필요로 한다. 무턱대고 공이 날아가기만을 바라지는 않는다. 공을 때리기 전에 몇 번 클럽으로 어느 방향을 향해 날릴 것인지를 결정해야 한다. 골프는 매 순간 클럽과 방향을 선택하는 의사결정을 내려야 한다. 비즈니스에서도 CEO는 올바른 의사결정을 내려야 기업이 살아나갈 수가 있다.

비즈니스가 그렇듯이, 골프도 최선의 선택을 해 나가는 과정이다. 비즈니스에서나 골프에서나 자기 자신과 싸워 나가야 하는 것은 마찬가지다. 또 골프 코스에서만 해저드에 대처해야 하는 것이 아니고, 비즈니스의 여정에서도 그 나름의 해저드와 맞서야 한다.

스티븐 코비(Stephen Covey)는 '오늘 내 인생의 최고의 날' 에서 일상

속의 힘은 세 가지 선택에 달려 있다고 했다. 첫 번째는 주도적으로 행동할 것인가 아니면 반사적으로 끌려가면서 반응할 것인가 하는 '행동의 선택'이고, 두 번째는 '목적의 선택'이며, 세 번째는 '원칙의 선택'이다.

모든 인생살이는 선택의 연속이다. 선택은 우선순위를 결정하는 것이다. 야구선수인 요기 베라(Yogi Berra)는 "갈림길에 섰을 때는 과감하게 두 길 중 하나를 선택하라."고 충고했다.

하지만 대부분의 사람들은 두 가지 선택을 앞에 놓고 보통 그릇된 편을 택하곤 한다.

방향을 결정하는 권한은 자기 자신에게 있다. 속도보다 방향이 중요하다. 목표가 명확해야 흔들리지 않게 된다. 결정적인 순간이 왔을 때 내가 그 순간을 결정하지 않으면 그 순간이 나를 선택해 버린다. 각자의 의사결정, 선택사안에 보다 적극적으로 나서야 한다. 자신의 결정과정에 책임감을 갖고 좋은 결정을 하기 위해 노력해야 한다.

비즈니스의 목적은 참된 목표를 선택하고, 그 목표를 달성하기 위해 노력하는 것이다. 기업의 목적은 고객을 창출하고 유지하는 것이고, 마케팅은 잘 팔릴 만한 것을 선택하는 것이다.

목표는 선택이고, 원하는 것을 이룰 수 있도록 도와주는 수단이다. 원하는 것을 얻고 싶다면, 가장 먼저 해야 할 일은 원하는 것이 무엇인지 결정하는 것이다. 그래서 기업활동은 매 순간 선택으로 이루어진다. 비즈니스에서나 골프에서나 늘 끊임없는 결정의 순간을 맞이한다.

"이런 상황이라면 어떻게 될까?", "이렇게 한 번 가정해 보자"와 같은 주문을 외워서 믿음의 열쇠를 풀고, 새로운 생각을 선택해야만 한다.

삼성그룹 이건희 회장은 "관리의 실패는 회복이 가능하지만 방향을 잘못 선택한 전략의 실패는 회사를 망하게 할 수 있다."고 말했다. 이는 전략의 선택이 기업의 운명을 결정한다는 의미이다. 비즈니스를 통제하는 유일한 방법은 선택, 그리고 결정이다.

결과 즉, 경영 성과는 단지 그것에 따라 나타나는 것뿐이다.

로버트 프로스트(Robert Frost)의 '가지 않는 길' 에 이런 구절이 있다. "숲 속에 두 갈래 길이 있었다고, 나는 사람이 적게 간 길을 택하였다고, 그리고 그것 때문에 모든 것이 달라졌다고."

기업의 의사결정은 다른 하나를 포기하는 선택이다. 추후에 아쉬움과 후회를 남기지 않기 위해서는 올바른 선택을 해야 한다. 자칫 서둘러 잘못된 판단을 하면 손실이 생기고, 시간을 가지고 옳은 판단을 하는 것보나 성과를 얻는 데 훨씬 많은 시간과 노력이 필요하다.

그래서 독단적이고 지시적이며 즉흥적으로 문제를 해결하는 관리적 의사결정보다는, 참여적이고 발전적이며 프로세스에 의해 문제를 해결하는 참여적 의사결정이 바람직하다.

비즈니스는 끊임없는 인과법칙의 연속이다.

생각(원인)은 현실(결과)로 나타날 것이다. 그러므로 생각을 선택하고 발달시키면 미래를 창조할 수 있다. 비즈니스의 핵심은 올바른 선택에 의한 의사결정이다.

의사결정의 기본 마인드

- 고정 관념에서 탈피하라.
- 문제의 본질을 보라.
- 모순을 해결하라.
- 다양한 생각을 하라.
- 다른 사람의 의견을 받아들여라.
- 이상적인 아이디어를 생각하라.
- 이상적인 실현 방안을 마련하라.
- 타이밍을 놓치지 마라.
- 위험 요소에 대비하라.
- 실행 계획을 짜라.

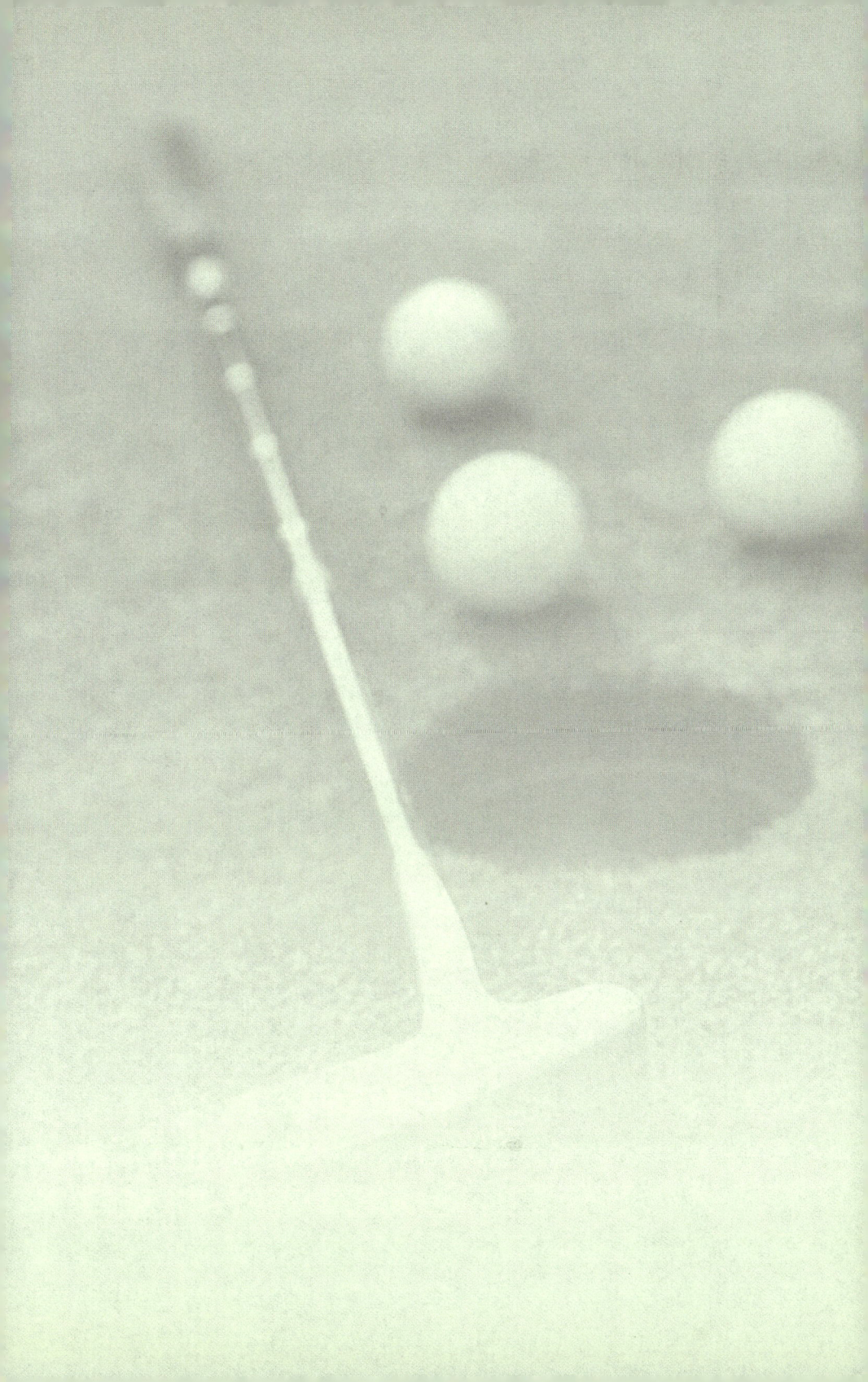

BUSINESS

3 ROUND
기선을 잡아라

10번 홀. 골프는 흐름을 읽어내야 한다
11번 홀. 골프는 새옹지마(塞翁之馬)다
12번 홀. 골프는 자신과의 싸움이다
13번 홀. 골프는 자신감이 승리를 부른다
14번 홀. 골프는 정중동(靜中動)의 스포츠다

플레이 페이스

· 시합 중에는 경기 위원회가 제시한 시간 안에 경기를 진행해야 하며, 일반 골프장에서는 다른 사람에게 피해를 주지 않는 범위 내에서 이루어져야 한다.

· 앞 팀과 적정 페이스를 유지하는 것은 어느 한 사람만의 책임이 아니라 한 조를 이루어 경기를 하는 모든 팀원의 책임임을 알고 좋은 페이스를 유지하여야 한다. 특정한 사람이 경기의 속도를 따라가지 못하는 경우에는 다른 팀원들이 페이스를 유지할 수 있도록 조언해 주어야 한다.

· 자기 차례가 되면 플레이를 할 준비가 되어 있어야 한다.
자신의 차례가 되어서야 샷을 하기 위한 일련의 준비를 하는 것이 아니라 다른 사람이 플레이를 하기 위해 준비를 하는 동안 자신도 다음 샷을 위한 준비를 마쳐야 한다는 것이다. 이렇게 해야 시간을 절약할 수 있기 때문이다.

· 자신이 친 볼이 로스트볼이 될 가능성이 있을 경우에는 잠정구를 쳐서 플레이 시간을 낭비하는 일이 없어야 한다.

· 자신의 팀의 플레이 페이스가 지나치게 느려서 뒤에 오는 팀의 플레이를 방해할 경우에는 뒤 팀을 패스시켜 주어야 한다.

(자료 : USGA 룰)

10번 홀
골프는 흐름을 읽어내야 한다

> 골프만큼 플레이어의 성격을 잘 나타내는 게임도 없을 것이다. 그것도 최악과 최선이라는 형태로 나타난다.
>
> – 버나드 다윈

"사장님 이동하시지요."

캐디가 다음 홀로 이동하기 위해 클럽하우스로 왔다. 후반 인(In) 코스는 클럽하우스에서 조금 멀리 떨어져 있어 전동 카트를 타고 이동을 했다. 아웃 코스가 산악지대라서 '마운틴(Mountain) 코스'라 이름 지어졌고, 인 코스는 물이 많아 '리버(River) 코스'라 불린다.

티잉 그라운드에 올라서 보니 코스 옆으로 흐르는 강줄기가 시원하게 내려다 보였다. 대부분의 인 코스는 강을 따라 설계되었다.

주말 골프를 좌우하는 것은 라운드의 흐름이다. 10번 홀에서 버디나 파를 잡으면 기세가 오르며 후반 9홀의 흐름을 자기 것으로 만들 수 있는 것이다. 웬만한 골퍼라면 경험으로 10번 홀의 가치를 충분히 이해하고 있다.

"자, 승부는 이제부터입니다. 인 코스가 아웃보다 조금 까다롭습니다."

10번 홀은 파 4홀에 376m로 조금 긴 편이지만 내리막이라서 그렇게 부담스럽지는 않았다. 이번 홀은 무려 3만 원이 걸린 중요한 홀이다. 모두들 각오를 단단히 가지고 티 샷에 임했다. 네 사람 모두 드라이버 샷이 잘 맞았다. 4개의 공이 페어웨이에 대각선을 이루고 있었다. 박 회장 공이 가장 짧았고, 최 교수, 김 상무 그리고 이 사장 순이었다.

모처럼 네 사람이 나란히 걸어 박 회장의 공이 있는 곳에서 멈춰 섰다. 앞 팀 중 한 사람이 벙커 샷을 하고 있고, 세 사람은 그린에서 퍼팅 준비 중이었다. 시간이 좀 걸릴 것 같아 무료함을 달래기 위해 김 상무가 박 회장에게 말을 건넸다.

"참, 박 회장님 영국에 다녀오셨다면서요."

"지난해 11월에 런던에 사는 딸아이 집에 다녀왔지요."

"그러면 영국에서 골프도 좀 치셨겠네요."

"딸이 살고 있는 런던 근교에서 한 두어 번 쳤지요. 돌아오기 전 주말에는 스코틀랜드에 올라가 세인트 앤드류스(St. Andrews)에 갔었지요."

박 회장은 은근히 자랑을 했다.

"그러면, 골프의 메카인 그 세인트 앤드류스 말입니까?"

세인트 앤드류스의 로얄 에이션트 골프 클럽(The Royal and Ancient Golf club of St.Andrews.)은 통상 세인트 앤드류스라고 부른다.

골프에 관심이 많은 이 사장이 끼어들었다.

"세인트 앤드류스의 로얄 에이션트 골프 클럽이라면 4년마다 미국 PGA와 공동으로 골프 룰을 개정하는 곳이지요."

골프 룰에 해박한 최 교수도 한 수 거들었다.

"그래, 라운드는 해보셨구요?"

"내가 누굽니까. 박, 영, 두 아닙니까. 그곳까지 가서 그냥 올 내가 아니지요."

박 회장은 자기 이름을 또박또박 부르며 자랑을 했다. 골퍼라면 평생 꼭 한 번 라운드 해보고 싶어 하는 골프의 메카이다. 이 골프장과 골프의 기원과 연관된 이야기들이 많다. 해변을 따라 1홀부터 9홀까지는 일직선으로 나가고(out), 다시 10홀부터 18홀까지는 들어오는(in) 코스로 되어 있다. 그래서 모든 골프장이 '아웃 코스', '인 코스'라고 한다. 또 골프장이 처음에는 22홀이었으나 4홀이 도로에 의해 분리되어 18홀이 되었다. 그래서 현재 골프장의 규격이 18홀로 확정된 것이다.

"나는 운이 정말 좋았습니다. 그곳은 퍼브릭(Public) 코스라 예약이 무척 어려운데, 예약은 전날 공에 이름을 적어 넣어 매일 추첨으로 하거든요. 그래서 올드(Old) 코스는 포기했었지요. 그래도 그곳에 갔으니 올드 코스는 못 치더라도 그 옆에 있는 뉴(New) 코스에서 치고 오려고 했지요. 그런데 마침 올드 코스에 예약을 취소한 사람이 있어 정말로 운 좋게 올드 코스에서 라운드를 할 수 있었습니다."

세인트 앤드류스는 18홀 코스 6개가 있다. 그중에서 올드 코스가 바로 골프의 성지이다. 바로 옆에 똑같은 구조의 신 코스를 비롯해 4개 코스가 더 있다. 세인트 앤드류스의 올드 코스에서는 연간 4만 회 이상의 라운드가 이루어지는데, 절반은 주민들 몫이다.

1552년 세인트 앤드류스의 대주교인 존 해밀턴(John Hamilton)이 마을의 모래땅에 자유롭게 출입할 수 있는 권리를 주민에게 부여하는 교령에 서명한 이래 침범할 수 없는 권리가 되었다. 그 결과 세계 최초의 시영(市營) 퍼브릭 골프 코스가 탄생한 것이다.

나머지 절반의 티 타임은 올드 코스에서 플레이 하고자 하는 관광객을 위해 매일 한 번씩 추첨을 한다. 그래서 올드 코스에서 원하는 날짜에 플레이 하기가 하늘에 별 따기 만큼 어렵다. 그런 올드 코스에서 라운드 한 것이 마치 가문의 영광인 듯 박 회장은 자랑을 했다.

"스코어는 어땠나요?"

약간 기분이 상한 김 상무가 짓궂게 물었다.

"김 상무, 스코어가 뭐 그리 중요합니까? 골프의 성지에서 라운드 했다는 그 자체가 중요하지요."

"김 상무는 그곳에서 쳐 보셨습니까?"

박 회장이 기세등등해 되물었다.

"아니오."

"최 교수님은?"

"저도 못 쳐 봤습니다. 언젠가는 반드시 쳐 볼 겁니다."

"이 사장님은?"

"저도 못 쳐 봤지요. 영국 출장은 여러 번 갔었지만 런던에만 있다 오기 때문에."

박 회장은 으시대면서 차례차례 물었다. 그러는 사이에 앞 팀이 그린을 떠났다.

박 회장의 두 번째 샷은 짧아 그린 앞에 떨어졌다.

'세인트 앤드류스는 못 가 봤지만 이 홀에서 3만 원을 따서 흐름을 바꾸어 보자.'

기가 죽은 세 사람은 같은 생각으로 두 번째 샷에 집중했다. 그래서인지 세 사람 모두 그린에 올려 놓았다. 박 회장만 그린에 올라가지도 못했지만 어깨를 펴고 뒷짐을 지고 당당하게 걸어갔고, 세 사람은 그린 온이 되었지만 그저 그 뒤를 따라 걸을 수 밖에 없었다. 당당하게 그린 앞에 도착한 박 회장은 공 앞을 가로막고 있는 장애물을 발견했다.

"어, 이게 뭐야? 못 보던 것이 있네."

새로 심은 잔디 보호를 위해 반달형 하얀 철책이 꽂혀 있었다. 아무래도 샷에 방해를 받을 것 같아 잠시 망설이고 있었다. 옆에 있던 최 교수가 그 철책을 보고 말했다.

"로컬 룰(Local rule)이 있을 텐데 알아보지요. 미라 씨, 이럴 때는 어떻게 하시?"

최 교수는 캐디를 불러 물었다. 로컬 룰이란 국제 룰 외에 각 골프장 특성에 따라 별도로 정한 규칙을 말한다.

"그린 보호용으로 임시로 설치한 것이니까 잠시 제거를 하든지, 그것을 피해 무 벌타 드롭(Drop)을 해도 됩니다."

일종의 수리 지역(GUR; Ground Under Repair)에 대한 캐디의 설명을 듣고 난 박 회장은, 골프의 기본 정신에 입각해 공을 옮기지 않는 쪽을 택했다.

골프 규칙 13조, "공은 있는 대로 플레이 한다(Rule 13. ball played as it lies.)"를 준수한 것이다. 박 회장은 손수 하얀 철책을 치우고 어프로치를 했다. 공은 절묘하게 굴러 홀 앞 1m에서 멈췄다. 네 사람이 모두 그린에 올라와 이제 퍼팅 대결로 압축되었다. 언뜻 보기에는 세 사람의 퍼팅 싸움 같았다. 과연 누가 2퍼트로 마무리하느냐이다. 하지만 승부의 여신은 그렇게 호락호락하지 않았다.

이 사장의 첫 퍼팅은 뒤 땅을 쳤고, 최 교수는 약간 짧았다. 그리고 김 상무는 너무 세서 지나쳐 버렸다. 갑자기 흐름이 바뀌었다. 3온 시킨 박 회장이 가장 유리해져 버렸다. 결국 세 사람은 3퍼팅으로 보기를 했고, 박 회장은 침착하게 한 번의 퍼트로 파를 했다.

"3온 1퍼트도 파 맞지요?"

박 회장은 2온한 세 사람을 조롱하듯 말을 했다. '3온 1퍼트'가 '2온 3퍼트'를 누른 것이다. 골프 격언에 '3온 1퍼트' 골프에 능한 골퍼가 '2온 2퍼트'의 골퍼에게 지는 일은 드물다고 했다.

세 사람은 연이은 굿 샷으로 두 번만에 공을 그린에 올려 놓고도 퍼팅 실수로 상금을 헌납하고 말았다. 그래서 드라이브는 기술(Art)이고, 아이언은 과학(Science)이며, 퍼팅은 영감(Inspiration)이라고 했다. 하지만 드라이버는 쇼(Show)이고, 퍼팅은 돈(Money)이다.

"드라이버 잘 쳐놓고 보기를 하다니, 원."

이 사장은 파를 못한 것을 못내 아쉬웠다. 이 사장처럼 아주 잘 치다가 한두 번 '삐그덕' 하는 샷이 나오는 골프보다는 박 회장처럼 둔탁해도 14번 모두 페어웨이에 떨어지는 일관성 있는 샷이 훨씬 효과적이다.

박 회장은 스킨 2개와 지난 홀 벌금 그리고 이번 홀에서 이 사장의 3퍼팅 벌금을 합쳐 4만 원을 한방에 획득했다. 상금 순위에도 변동이 생겼다. 박 회장이 1등으로 등극함과 동시에 OECD에 가입을 했다. 지금까지 상금 1등이었던 이 사장은 연거푸 3번 벌금을 내놓는 바람에 2만 원으로 3등으로 추락했고, 상금이 없는 최 교수가 여전히 꼴찌다.

내기 골프의 진수는 '실수의 방지'이지, 굿 샷을 치는 것이 아니라는 것이 여실히 증명되었다.

"회장님, OECD 가입을 축하합니다."

이 사장이 동반자가 생긴 것을 축하했다.

"이제 두 분이 가입하셨으니 앞으로 게임이 더 재미있어지겠군요."

김 상무는 너스레를 떨었다.

골프장은 친밀감과 신뢰감, 그리고 상대가 원하는 모든 것을 알 수 있는 완벽한 장소이다. 그래서 골프는 자신의 인격을 모두 드러내는 게임이다. 그렇기 때문에 골프를 시작하기 전에 먼저 인격을 쌓아야 한다. 골프는 기만에 엄격하며 실수를 용서하지 않기 때문이다.

골프라는 게임에서 골퍼는 세 가지 범주가 있다고 한다. 신중한 골퍼, 공격적인 골퍼, 그리고 현명한 골퍼이다. 최 교수는 기회를 잡지 못하고 종종 놓치는 신중한 골퍼이다. 반면에 이 사장은 기회란 기회는 모두 보이는 대로 잡으려 하는 공격적인 골퍼이다. 그리고 박 회장은 자신에 맞는 기회를 가려내어 적절한 곳에서 잡는 현명한 골퍼이다. 즉, 골프의 흐름을 잘 활용하는 골퍼인 것이다.

Magic tips

골프 영어

꿀 한 방울이 한 통의 쓸개즙보다 더 많은 파리를 잡는다.

— 링컨

How much is per guest?
게스트 그린 피가 얼마인가요?

※ Green fee(그린 피), joining fee(회원 가입비)

What time are you teeing off?
몇 시에 나가십니까?

I"m so grad we could play together today.
같이 플레이를 하게 되서 기쁩니다.

What do you go round in?
얼마나 치시죠?

Your ball's sitting nicely on the green.
공이 그린에 잘 올라갔습니다.

Who is away?

누가 더 멀죠?

Is this putt uphill or downhill?

오르막 퍼팅입니까? 내리막입니까?

Will you mark your ball as it's on my line.

공이 제 퍼팅 라인에 있는데 마크 해 주시겠어요.

Can you help me with the line of this putt please?

퍼팅 라인 좀 봐 주실래요?

영, 미의 용어 차이

- 골프 예약시 영국은 원 피플(One people), 투 피플(Two people)이라고 하는데, 미국은 싱글(single), 투섬(Twosome)이라고 한다.
- 골프 가방을 싣는 운반도구를 미국에서는 카트(cart)라 하고, 영국에서는 트롤리(trolly)라고 한다.
- 준우승을 영국은 세컨드 플레이스(Second place), 미국에서는

Magic tips

(Runner-up)이라고 한다.

- 퍼터를 쓰지 않고 직접 넣는 기술인 칩인(Chip in)을, 영국에서는 넌 드로즈(Non Drawers)라 하는데 노팬티라는 의미이다.
- 영국에서는 이븐(even)을 레벨(level)이라 부르고, 영국에서는 홀(hole), 미국은 컵(cup)이라고 부른다.
- 영국은 홀인원(Hole-in-one), 미국은 에이스(Ace)라 한다.

11번 홀
골프는 새옹지마(塞翁之馬)다

> 골프만큼 남을 속일 기회가 많이 주어지는 게임도 달리 없을 것이다.
> – 프란시스 메이트

이번 홀은 파 4홀이다. 400m의 짧지 않은 홀로 깅물을 따라 오른쪽으로 휘는 도그 레그 홀이다.

골프 코스 설계자가 세인트 앤드류스의 올드 코스 17번 홀을 모델로 한 홀이다. 세인트 앤드류스의 올드 코스 17번 홀은 475야드의 도그 레그 코스이다. 지옥으로 가는 길이라는 뜻으로, 로드홀(Road hall)이라는 별명이 붙은 가장 어려운 파 4홀이다. 그 이유는 오른쪽 차량 기지가 드라이버 샷을 가로막고 있어 위험을 무릅쓰고 차량기지를 넘기든지, 안전하게 롱 아이언이나 페어웨이 우드로 페어웨이에 안착시키든지, 어느 한쪽을 노려야 하기 때문이다.

그뿐만이 아니다. 두 번째 샷도 안심할 수 없다. 그린은 아주 작고 단단할 뿐만 아니라 오른쪽은 OB지역이고, 뒤로는 길과 벽이 기다리고 있다. 또한 그린 근처에는 무수한 항아리 벙커가 기다리고 있다. 그중 가장 대표적인 것이 그린 앞에 있는, 사람 키보다 더 깊어서 악명 높은 '나까지마 벙커'이다.

일본계 미국인 프로 골퍼인 나까지마가 7번만에 탈출했다고 해서 붙여진 별명이다. 2002년 영국 오픈(The Open)에서 데이비드 듀발(David Duval)도 이곳에 빠져 4번만에 탈출해 우승을 놓친 곳이다. 이 홀도 로드홀처럼 그린 근처에 벙커가 많이 도사리고 있다.

후반에 들어서니 홀을 지날수록 점점 더 밀리기 시작했다. 아직도 앞 팀은 두 번째 샷을 못해 기다리고 있었다.

대부분의 골프장은 아웃 코스의 첫 번째 홀인 1번 홀과 인 코스의 첫 번째 홀인 10번 홀에서 동시 티업을 한다. 그래서 전반 9홀은 홀이 비어 있는 상태라서 진행이 빨랐는데, 후반 9홀은 서로 교차되어 다른 코스에서 넘어온 팀으로 홀이 꽉 차서 진행이 더디었다. 기다리는 시간이 길어지자 지루해진 최 교수는 박 회장에게 말을 걸었다.

"회장님, 아까 로컬 룰을 적용받으셨잖아요. 로컬 룰의 유래에 대해 아시나요?"

"글쎄, 잘 모르겠는데."

"박 회장님이 다녀오신 세인트 앤드류스에서 유래한 것이랍니다. 회장님 첫 번째 홀 기억나시나요?"

"물론 기억나지요. 첫 번째 홀 중간에 개울이 있고 조그만 다리가 있지요. 그 다리는 세인트 앤드류스 코스의 상징 아닙니까."

박 회장은 그때를 생각하며 흐뭇한 미소를 지었다.

"바로 그 개울이 로컬 룰을 탄생시킨 곳이지요. 예전에는 그 개울에서 아낙네들이 빨래를 해서 잔디밭에 널어두었답니다. 그런데 골퍼들이 공을 치다 보면 공이 빨래 위에 떨어지곤 했답니다. 회장님도 아시다시피, 골프의 기본 룰은 '있는 그대로 쳐라' 아닙니까? 룰대로 하자니 빨래가 상할 것 같고, 옮기자니 벌타이고, 골퍼들이 난감해진 게지요. 결국 멤버들이 모여서 별도의 룰을 만들었지요. 빨래 위에 놓인 공은 옮겨 놓고 치도록 했답니다. 이것이 로컬 룰의 시초랍니다."

최 교수는 학자답게 로컬 룰의 유래에 대해 장황하게 설명을 했다. 그러는 사이에 앞 팀이 시야에서 사라졌다.

"회장님! 이제 치셔도 됩니다."

캐디의 말에 박 회장이 어드레스를 했다.

골프에서는 순간적인 집중력이 필요하다. 기다리다 보면 집중력이 흩어진다. 드라이버를 잡은 박 회장이 친 공은 살짝 왼쪽으로 감기더니 위험지역에 떨어졌다. 드라이버 거리가 짧은 박 회장이지만 이번 홀이 도그 레그라 꺾어지는 지점이 180m밖에 안 되기 때문에 조금 위험한 선택이었다.

"회장님, 가 봐야 알겠는데요. 거리가 짧으시니까 OB 라인에 걸려 있을 겁니다."

아직 확인이 안 된 상태지만 캐디는 희망적인 말로 위로를 했다. 두 번째로 올라온 김 상무가 박 회장의 심기를 건드리는 말을 던졌다.

"회장님, OECD 가입하시자마자 바로 우정(友情)의 샷까지 날려 주셔서 고맙습니다."

김 상무는 지난번처럼 4번 아이언으로 페어웨이 중앙에 공을 떨궈 놓았다. 차례로 최 교수, 이 사장도 모두 아이언으로 바꿔 들어 좋은 지점에 공을 떨어뜨렸다.

캐디와 박 회장은 부리나케 공을 확인하러 갔다. 다행히도 공은 깊이 들어가지 않아 쉽게 찾을 수가 있었다. 헌데 공의 위치가 문제였다. 두 OB 말뚝을 살짝 벗어나 있었다.

나머지 세 사람은 모두 자기 공 위치에 가 있기 때문에 캐디와 박 회장만 알고 있는 상황이었다.

"회장님, 그냥 치시지요."

공은 OB 선상을 아슬아슬하게 넘어 섰다. 캐디는 그냥 무시하고 치라고 권했다. 박 회장은 잠시 망설이다 공을 집어 들었다.

골프는 다른 어떤 스포츠와도 다르다. 스스로 심판이 돼야 하는 유일한 스포츠다. 이는 정직과 윤리의식이 뒷받침되어야만 가능한 것이다. 따라서 골프는 그 사람의 진정한 성품을 알게 해주는 스포츠라고 할 수 있으며, 정직과 신용, 그리고 도덕성을 바탕으로 하는 스포츠이다. 다른 스포츠와 달리 골프에서는 이를 즐기는 사람들의 인간성이 적나라하게 드러나기 때문이다.

오래 골프를 친 박 회장은 이것이 자신의 마음속을 완전히 드러내 주는 스포츠라는 데 공감했다. 6번 홀에서 이 사장의 페어 플레이를 본 박 회장은 자기 양심의 눈을 피해갈 수가 없었다.

"OB야."

박 회장은 스스로 OB를 선언하고 OB 티로 이동했다.

　세 사람은 차례로 그린을 공략했는데 모두 실패를 했다. 좋은 위치에 짧은 거리라고 무조건 그린에 올릴 수 있는 것은 아니다.
　대체로 OB 티는 앞쪽에 위치해 있다. OB 티에서 친 박 회장만 그린에 올렸다. 비록 4번째지만 박 회장은 4온 2퍼트로 더블보기를 했고, 나머지 세 사람은 3온 2퍼트로 보기를 했다.
　이번 홀 스킨 역시 다음 홀로 넘어갔고, OECD 회원인 박 회장은 벌금을 냈다.

흐름이 또 한 번 뒤바뀌었다. 모든 스포츠가 그렇듯이 골프도 오르막과 내리막이 있지만 기복이 너무 급격하다. 그 흐름의 변화가 극적이라고 할 수 있다. 잘 나가다가도 어느 한 순간 무너져 버린다. 순간에 천당과 지옥을 오간다. 스코어를 망치는 것은 라운드 중의 단 1타라고 한다.

그래서 골프가 재미가 있는 것인지도 모른다. 골퍼들은 그들만의 독특한 습관에 젖어 있다.

즉, 파트너가 퍼팅을 할 때 깃대를 잡아 주고, 나무 티를 바닥에 꽂고, 디보트(Divot)을 제자리에 메우고, 행운의 볼 마커(Ball marker)를 주머니에 넣고 다니고, 드라이버 커버를 벗겨내고, 퍼터의 고무 그립을 매만지고, 당신의 퍼터가 홀 컵 2.5cm 앞에서 멈출 때 몸을 움츠리고, 스코어를 따져 본 후 스코어 카드를 가방에 넣고, 클럽을 자동차 트렁크에 넣고 한숨 짓는, 이러한 일련의 행동은 그들만 가지는 독특한 습관이다.

Magic tips
핸디캡별 특징

20대에는 2번 아이언을, 30대에는 3번을, 40대에는 4번을 그리고 50대에는 5번 아이언을 집에 두고 올 것이다.

– 타이거 우즈

골프에서 중요한 것은 최고 기록이 아니라, 자신의 평균 기록인 핸디캡이 얼마인가이다. 진짜 골퍼는 두 개의 핸디캡을 가지고 있는데, 자랑하기 위한 것과 내기 골프할 때 쓰는 핸디캡이다.

PGA 티칭 프로인 거스 베르나르도니(Gus Bernardoni)는 "'핸디캡'은 골프에서, 그리고 인생에서 얼마나 많은 것이 극복될 수 있는지를 알려 주는 표현이다."라고 했다. 핸디캡 속에는 자아, 수단과 방법을 가리지 않는 승부, 공정성, 경쟁심리 그리고 괜찮은 사람이 되는 것 등 플레이에 관한 모든 요소가 담겨 있기 때문이다.

- 80대 후반을 치는 사람은 안 물어 보는데 가르치려고 안달이고,
  80대 초반을 치는 사람은 물어 보면 알려 주고,
  싱글을 치는 사람은 예의를 갖추어야 알려 준다.
  프로는 돈을 주어야 가르쳐 준다.

Magic tips

- 골프란 100대는 소일거리(Pastime), 80대는 취미(Hobby), 70대는 부업(Avocation)이다.

- 100의 벽을 깨는 데는 전략이 필요 없다. 필요한 것은 '연습' 뿐이다.
  90의 벽을 깨는 데는 '전략+연습'이 필요하다.
  70대 스코어를 내기 위해서는 '전략+연습+알파'가 필요하다.
  알파에는 여러 가지가 있겠지만, 가장 실질적인 것은 '신들린 듯한 퍼팅'이다.

- 100대면 닥치는 대로 골프를 하라고 권하고,
  90대면 무턱대고 가르치려 들고,
  80대면 요청을 받고서 가르치고,
  70대면 요청받고도 가르치기를 꺼린다.

- 100대에는 내 공만 보이고,
  90대에는 남의 공만 보이며,
  80대는 코스 모양이 눈에 들어오고.
  70대는 내 마음이 보인다.

12번 홀
골프는 자신과의 싸움이다

골프는 협력, 존중, 명예, 규칙과 훈련 등 사회생활에 필요한 모든 미덕의 집합이다.
– 래리 밀러

후반에 처음 맞는 파 3홀이다. 167m로 파 3치고는 좀 긴 홀이다. 아직 앞 팀이 그린에 올라가지도 못하고 있다. 앞의 앞 팀이 이제 막 퍼팅을 끝냈기 때문이다. 그 팀이 그린을 벗어나자 못 올린 두 사람이 샷을 했다. 한 사람은 그린 앞에서 어프로치를 하였고, 또 한 사람은 우측 벙커에서 벙커 샷을 했다. 앞 팀 캐디가 잽싸게 뒤늦게 올라온 두 개의 공을 마크하고는 '사인(Sign)'을 줬다.

"김 상무님, 사인 왔네요."

캐디가 김 상무에게 치라고 말했다. 진행을 원활하게 하기 위해서 뒤 팀에게 먼저 치라는 사인을 준다는 의미에서 '사인'이라고 한다. 허나 이는 잘못된 표현이다. 정확한 용어로 '웨이브(Waive)' 또는 '콜 업(Call up)'이 맞는 표현이다. 간혹 외국의 골프장에 이런 간판을 볼 경우가 있다. 'Compulsory call up hole.' 즉, 이 홀에서는 반드시 사인을 주라는 뜻이다.

김 상무는 3번 아이언을 잡았는데 또 슬라이스가 나서 우측 벙커에 빠졌다. 두 번째 오너인 최 교수가 티잉 그라운드에 올랐다. 한동안 그린을 응시하더니 7번 우드를 들었다. 11번째 홀까지 무관의 제왕으로 온 최 교수는 심호흡을 하면서 마음을 가다듬었다.

공을 때리는 실력보다는 내적인 자기 통제가 승패를 가르는 더 큰 요인임을 잘 알고 있었다. 또 내적인 자기 통제를 하게 되면 현실감과 끈기가 저절로 따라오는 것이며, 이 두 가지가 골프라는 게임에 도사리고 있는 끊임없는 도전과 시련에 효과적으로 대처할 수 있는 원동력이라는 사실도 이미 알고 있다.

최 교수는 다시 한 번 더 심호흡을 했다. 그리고 마음을 비운 무념무상의 평정심으로 스윙을 했다. 티를 떠난 공은 허공을 가르고 똑바로 날아갔다. 그린 앞에 떨어진 공은 그린을 타고 올라갔다.

"어."

그린 뒤에서 지켜보던 앞 팀에서 환성이 터져 나왔다. 공이 홀을 향해 똑바로 올라오고 있었기 때문이었다.

"팅!"

공이 깃대를 맞추고는 직각으로 튕겨 나갔다. 그리고는 홀 컵 약 1.5m 정도 우측에서 멈춰 섰다.

앞 팀에서는 "아!" 하는 안타까운 소리가 터져 나왔고, 이쪽 티 박스에서는 '휴~' 하는 안도의 소리가 동시에 터져 나왔다. 홀인원(Hole-in-one)이 나올 뻔한 것이다. 홀인원이란 한 번에 홀에 넣은 것을 말한다. 미 골프 핸드북에 의하면, 홀인원을 할 수 있는 확률은 PGA 선수는 3,708 : 1이고, LPGA 선수는 4,669 : 1이며, 아마추어는 42,951 : 1이라고 했다.

국내에서는 2004년 한 해 동안 약 2천 개의 홀인원이 있었는데, 이를 골프 인구 165만 명을 기준으로 환산하면 약 33,000 : 1의 확률이다. 골프닷컴(Golf.com)의 콜린 칼렌더는 이런 확률에서 일반 골퍼가 홀인원을 할려면 10,738 라운드 정도 해야 하고, 주 2회 정도 골프를 한다고 가정하면 103년 정도 걸린다고 했다.

이처럼 홀인원의 확률은 매우 희박하고 어려운 것이다.

"아깝습니다, 최 교수님."

이 사장은 위로의 말을 하면서 놀란 가슴을 진정시키고 샷을 했다. 이 사장의 공은 거리는 정확했는데 방향이 약간 왼쪽으로 휘어져 그린에 올리지 못했고, 박 회장은 거리가 짧아 그린 앞에 떨어졌다. 이 사장은 유명무실, 박 회장은 천만다행, 그리고 최 교수는 금상첨화인 것이다. 거리만 나고 방향이 빗나가면 유명무실(有名無實), 방향은 맞았는데 거리가 짧으면 천만다행(千萬多幸), 거리도 길고 방향도 정확하면 금상첨화(錦上添花)라고 한다.

'더 멀리 더 정확히(Far and Sure)' 라는 목표를 동시에 추구한다는 것은 모든 골퍼들의 바람이다. 그런데 최 교수가 그 목표를 거의 달성한 셈이다.

최 교수는 지난번 니어리스트 상금이 넘어 왔기 때문에 일단 니어리스트 2개는 확보했다. 세 사람은 니어리스트는 어쩔 수 없다고 하더라도 어떻게 하든 스킨을 막아야만 했다. 김 상무는 벙커 샷을 잘 했지만 홀컵과 3m나 떨어졌다. 박 회장의 어프로치 샷도 짧아 2.5m 앞에 서고 말았다. 마지막으로 장외 퍼터의 달인인 이 사장이 퍼터로 승부를 걸었다.

그린까지의 러프의 거리를 감안해 강하게 퍼팅을 했는데 그린이 빨라 홀을 지나쳐 2m 우측에 섰다.

"그린이 생각보다 빠르네."

이 사장은 공이 굴러간 자리를 따라 걸으면서 잔디결을 살폈다.

"자, 그린 뒤에서 기다리세요. 사인 주겠습니다."

캐디의 요청에 따라 네 사람은 그린 뒤로 나왔다. 캐디가 재빠르게 마크를 하고 뒤 팀에게 사인을 주었다.

"저는 오늘 평생 처음 홀인원 한 번 구경할 뻔했네요. 정말 멋있었어요."

박 회장이 최 교수에게 격려의 말을 했다.

"참, 누구 홀인원 해보신 분 계신가요?"

박 회장은 세 사람을 둘러보면서 물었다.

"예, 제가 작년 4월 파 3홀에서 한 번 했습니다."

이 사장이 빙긋이 웃으며 대답했다.

"오~ 그래요, 이거 영광입니다. 홀인원 한 사람과 같이 라운드를 하다니. 홀인원 하면 3년 재수가 좋다는데 정말 그러셨나요?"

20년 구력이지만 아직도 홀인원을 해보지 못한 박 회장은 이 사장을 무척 부러워했다.

"그런데 저는 정작 홀인원 하는 것을 보지는 못했습니다."

"아니, 파 3홀이 블라인드(Blind) 홀도 아닌데 못 보다니요."

박 회장은 의아한 듯 물었다. 브라인드 홀이란 도그 레그처럼 그린이 보이지 않는 홀을 말한다. 하지만 파 3홀은 짧아 그린이 다 보이게 마련이다.

"아~ 네. 그날 황사가 아주 심한 날이었지요. 해가 안 보일 정도였으니까요. 오늘처럼 앞 팀에서 사인을 줬는데 그린이 안 보였습니다. 캐디가 가르쳐 주는 방향으로 그냥 앞만 보고 샷을 했지요. 잠시 후 '어!' 하는 소리가 나더니 조금 있다가 '와!' 하는 함성이 터져 나오고 '홀인원이다' 라는 소리가 들려오더군요. 그래서 알았지요."

이 사장은 그날 상황을 중계 방송하듯이 자세히 설명했다.

"그래서 그날 돈 좀 깨졌겠네요. 캐디에게 특별 팁도 주셨을 테고 저녁에 축하 턱도 냈을 테니까요."

"네, 그랬지요. 사실 홀인원은 기분 좋은데 손재수(損財數)더라구요. 홀인원 보험을 반드시 들어놔야겠더라구요."

이 사장은 평생 처음 한 홀인원이라서 기분은 좋았지만, 뒤풀이를 생각하니 씁쓸했다.

"그래서 요즘은 홀인원 되면 '멀리건' 이라고 하고 다시 친다고 하더라고요. 손재수를 피하려고."

김 상무가 두 사람의 대화에 끼어들었다. 이런 이야기를 하고 있는 동안 뒤 팀이 티 샷을 마쳤다. 뒤 팀의 공은 2개가 그린에 올라왔고, 2개는 그린 좌우로 갈라졌다.

먼저 김 상무가 퍼팅을 했는데 30cm 앞에 섰다. 가볍게 툭 쳐 넣어 보기를 했다. 다음으로 박 회장도 홀 컵 앞에 섰다. 역시 보기로 끝났다. 마지막 주자인 이 사장의 퍼팅은 홀 컵 바로 위에서 멈췄다. 금방이라도 떨어질 듯했다.

"1초, 2초…."

10초를 기다려도 홀 컵 안으로 떨어지지 않았다.

"야! 임마! 좀 떨어져라."

이 사장은 아까운 듯 공을 나무랐다. 정말 아까운 퍼팅이었다. 이제 최 교수의 마음은 편안했다. 2퍼트라도 이긴 홀이니까. 그래도 최 교수는 신중하게 퍼팅을 했다. 공은 정확하게 브레이크를 타고 홀 안으로 들어갔다.

"버디!"

최 교수는 주먹을 불끈 쥐고 히딩크식 세레모니를 했다. 마치 PGA 중계방송을 보는 것 같았다.

이번 홀의 버디는 엄청난 것이었다. 니어리스트 2개, 스킨 2개, 그리고 버디 값을 세 사람에게 받아 총 7만 원을 챙겼다. 상금 순위도 뒤집어졌다. 최 교수가 1위로 등극하고, 계속 1위를 지켰던 이 사장이 꼴찌로 내려앉았다. 1등과 꼴찌가 순식간에 바뀌어 버렸다. 그리고 김 상무를 제외한 세 사람이 OECD에 가입하게 되었다.

골프는 철저하게 자신과의 싸움이다. 뿐만 아니라 상대와의 싸움, 코스와의 싸움, 자연 조건과의 싸움이기도 하다. 자연의 맹위와 싸워야 하고, 때론 협상해 가며 스스로를 적응하고 극복해 가는 경기가 골프이다.

"물고기는 물과 싸우지 않고, 주객은 술과 싸우지 않는다."라는 격언대로, 골프도 코스와 환경과 싸우면 게임에서 지고 만다. 코스에 순응해야 좋은 결과가 나온다. 넘치면 모자란 것만 못한 게 골프다. 골프는 단순한 숫자놀이만이 아니다. 규격이 없는 코스에서 마음껏 샷을 하며 홀을 정복해 나가는, 자연과 그리고 자신과의 싸움이 골프의 가장 큰 매력이다.

Magic tips
골프와 심리학

골프는 영혼으로 하는 게임(Spiritual game)이다. 도를 닦는 것과도 비슷하다. 마음을 다스려야 하는 것이다.

- 에이미 앨코트

과학과 기술이 편재한 시대에 사람들은 철학과 문학으로 이끄는 활동, 육체적 비약보다는 정신적 침잠으로 이끄는 운동, 그것이 골프이다.

기술론에만 관심을 갖는 사람은 이 법칙에서 벗어날 수 없다. 그 이상의 스코어를 바란다면, 다음은 진지하게 인너 게임(Inner-game)에 몰두하는 수 밖에 없다. 이상적으로는 기술과 심리가 조화롭게 진보해야 하는 것이다.

어느 쪽이 우선해서 조화가 깨질 경우, 그 삶의 성장에는 빨리 한계가 오고 만다. 그런 의미에서 골프는 동양의 선(禪)이 지닌 품위를 보여 줄 수 있는 완벽한 무대다. 선은 '깨달음이 깃든 행동'을 뜻한다. 그것은 현재의 순간에 완전히 몰입한 상태다. 선의 상태에 들어서면 사물을 꿰뚫어 보는 눈이 생기고 집중력이 향상되며 마음이 평안해진다.

위대한 선승인 순류 스즈키 로시는 "초심자는 많은 가능성을 생각하지만 전문가는 최소한의 가능성을 생각할 뿐이다."라고 말했다. 달리 말하면, 초심자는 가슴을 열고 배우려는 열의가 대단하다. 한마디로 '빈 컵'이다. 따라서 당신도 가슴을 열고 선입견을 떨쳐낼 때 어떤 교훈이든 열성적으로 기꺼이 받아들일 수 있을 것이다.

전문가들은 '긴장 속의 집중'이라는 심리 상태가 대단히 중요하다고 강조한다. '마음 푹 놓고'가 아니고 '정신 바짝 차리고 치는 순간에 집중해서 몰입해야 한다'는 것이다.

골프에서 가장 경계해야 하는 두 가지 심리적인 적이 있는데, 그것은 바로 '분노'와 '의심'이다. 화가 치밀어 오른 상태에서 샷을 하면 제대로 맞을 리가 없다. 또, 마음속에 의심이 드는 상태에서 샷을 하면 이 샷이 제대로 될 리가 없다.

"의심스러울 때는 아무 셧노 하지 마라."라는 속남이 있다. 이는 골프에 가장 적합한 경구이다. 골퍼의 사고를 흐리게 하는 3C [Confusion(혼란), Complain(불평), Consolation(위안)]이다. 이러한 심리 상태를 적절히 활용하면 많은 효과를 볼 수 있다.

'적극적인 성격'의 사람들에게는 화가 나도록 하고, '분석적인 성격'의 사람들에게는 의심이 들도록 하면 백발백중이다. '교과서적 성격'과 '주변 친화적 성격'의 사람들은 가만히 놓아두어도 스스로 무너지고 말기 때문에 신경 쓸 필요조차 없다. 전설의 골퍼 진 사라센(Jean Sarasen)의 말을 마음 깊이 새겨 두어야 한다.

"골프를 쳐라! 행복하라! 그리고 마음의 평화를 이루어라!"

Magic tips

- **골프 심리학의 바이블로 불리우는 '로의 법칙'**

1. 자기 자신의 성격을 알라.
2. 골프는 놀이에 지나지 않는다.
3. 골프는 경험의 게임이다.
4. 위기관리 능력을 길러라.
5. 자신을 상대로 플레이 하라.
6. 자신의 샷 중에서 장점과 단점을 잘 판별하라.
7. 등 뒤에서 일어난 실수를 모두 잊어라.
8. 볼과 대치했을 때, 실수를 생각해서는 안 된다.
9. 항상 템포에 신경을 써라.
10. 평소 연습에서는 스스로에 가혹한 압박을 부과하라.

13번 홀
골프는 자신감이 승리를 부른다

승리는 자신감을 낳고, 자신감은 승리를 낳는다.

– 허버트 그린

이번 홀은 450m의 파 5홀로 비교적 쉬운 홀이다. 스트로크도 17번으로 서비스 홀이다. 그렇다고 방심해서는 안 되는 홀이다. 거리가 짧고 평이한 대신 그린 주변에 4개의 벙커를 만들어 난이도를 조절하고 있다. 한마디로 모래밭에 둘러싸인 그린이라고 생각하면 된다. 정교하게 그린에 떨어뜨려야 하므로 두 번째 샷으로 공을 그린에 세우지 못하면 벙커로 들어가 버린다.

전 홀의 버디 감격을 안고 티잉 그라운드로 온 최 교수는 이 흐름을 계속 이어가고 싶은 마음에 성급히 티를 꽂았다. 하지만 아직도 앞 팀이 두 번째 샷을 하지 않고 기다리고 있었다. 앞 팀 일행 중 한 사람이 오른쪽 숲속에서 공을 찾고 있었다.

골프 규칙 제 1조에 모든 사람들을 위해 플레이어는 경기를 지연시켜서는 안 된다고 강조하고 있다. 그리고 규칙에는 공을 찾는데 5분의 시간을 주도록 되어 있다.

나머지 세 사람도 공 찾는데 합세를 했지만 결국 찾지 못했다. 하는 수 없이 OB 티에서 4타를 치고 나갔다.

"꽂아 놓은 티에서 뿌리 내리겠네요."

김 상무가 최 교수의 기를 꺾으려고 견제의 말을 던졌다. 너무 오래 기다리던 끝에 최 교수가 티 샷을 했다. 너무 긴장했던지 공은 머리를 맞고 멀리 나가지 못했다. 평소에 하던 프리 루틴이 깨져 토핑이 된 것이다.

"그래서 티를 먼저 꼽아두면 안 된다니까요. 자기의 기본 프리 루틴이 깨져 좋은 샷이 나올 수 없지요."

두 번째로 올라온 김 상무가 의미 있는 말을 건네면서 티를 꽂았다. 프리 루틴이란 샷을 하기 전에 하는 일련의 행동으로 일종의 버릇이다. 이런 행동을 반복함으로써 심리적인 안정을 찾아 샷을 제대로 할 수 있기 때문이다.

프로 선수들 중에 독특한 프리 루틴을 가진 사람이 많다. 스페인의 세르지오 가르시아(Sergio Garsia)는 샷을 하기 전에 손목을 이용해 가볍게 흔드는 왜글(Waggle)을 최대 16번까지 하기도 했다. 이 과정을 지켜보는 파트너가 도리어 평상심을 잃어 샷이 나빠지기도 했다. 그는 최근에 와서 이런 나쁜 습관을 고쳤다. 비단 티 샷에만 프리 루틴을 하는 것은 아니다.

박 세리의 퍼팅 프리 루틴도 독특하다. 그녀는 퍼팅하기 전에 꼭 중간

지점에 가서 한두 번 흔들어 본다. 그리고 어드레스 전에 공 앞에 퍼터를 가져다 놓아 보고 그 다음 퍼팅 어드레스를 취한다. 이런 행동은 자칫하면 공을 건들거나 그린에 퍼터가 닿으면 벌타를 먹을 수 있는 아주 위험스런 행동이다. 하지만 박세리에게는 하나의 의식(儀式)과 같은 것이다. 이런 행동을 함으로써 자신만의 심리적 안정을 찾기 때문이다.

김 상무도 특유의 프리 루틴을 했다. 먼저 목표 지점을 향해 드라이버로 겨냥한 다음 어드레스에 들어간다. 그리고 한두 번 왜글을 한다. 마지막으로 심호흡을 하고 숨을 크게 내쉬고는 스윙을 시작하는 것이다.

김 상무는 공을 때리는 것이 아니라 클럽을 스윙하는 중에 볼이 맞는다는 감각으로 스윙을 했다. 정말로 잘 꼬고 잘 뻗었다. 완벽한 스윙이었다. 공은 푸른 창공을 가르고 페어웨이 한가운데 떨어졌다.

"나이스 샷, 엄청난 장타시네요."

캐디가 한호했다. '꼬임과 뻗침' 이깃이 장타의 첫걸음이다. 그러면 볼과 접지한 이후에도 클럽헤드(Club head)가 계속 가속되어 장타가 된다. 이런 감각을 완벽하게 익히기 위해서는 처음에는 힘을 빼고 볼을 치도록 해야 한다. 그리고 점차적으로 힘을 넣는데 힘을 가하는 단계마다 자신의 것이 될 정도로 반복 연습을 해야 한다.

대부분의 골퍼들은 이런 사실을 알고 있지만 연습을 게을리 하기 때문에 필드에서 이런 샷이 잘 나오지 않고 도리어 실수가 잦은 것이다.

이 사장도 잘 나갔지만 아깝게 페어웨이 오른쪽으로 벗어났다. 남 보기에 부끄럽지 않은 스윙을 해야 한다거나 실수를 해서는 안 된다고 생각할 때, 공을 정확히 보내기 위해 스윙이 조심스러워질 수 밖에 없다.

이런 생각은 십중팔구 자연스런 스윙을 방해하며 샷의 정확도를 떨어뜨리고 만다.

박 회장의 샷은 가장 짧았지만 항상 페어웨이에 떨어졌다. 두 번 연거푸 롱기스트 후보였던 최 교수가 실수하는 바람에 김 상무가 후보가 되었다.

"현재까지 롱기스트는 접니다."

김 상무는 의기양양하게 말하고는 페어웨이로 당당하게 걸어 나갔다. 드라이버 샷을 실수한 최 교수는 조급한 마음에 두 번째 샷도 멀리 나가지 못했고, 세 번째 샷도 정확히 맞지 않아 그린 50m 앞에 떨어졌다. 박 회장은 두 번씩이나 우드를 사용해 겨우 그린 근처에 도달할 수 있었다.

이 사장은 세 번째 샷이 오른쪽 벙커에 들어갔다. 김 상무는 두 번째 샷을 우드로 공략한 후 이 사장이 벙커에 빠지는 것을 보고 전략적으로 공을 아이언으로 그린 앞에 떨어뜨려 놓았다.

최 교수는 어프로치 샷을 할 때 부드럽게 스윙을 했지만 비운을 맞았다. 고개를 드는 헤드업(Head up)을 해서 생크(Sank)가 났다. 볼이 그린 에지에서 튄 다음, 오른쪽 벙커로 들어가 버렸다.

벙커에 들어간 두 사람은 모두 잘 탈출해 그린에 올렸다. 절묘한 벙커 샷으로 홀 컵 가까이 붙여 놓았다. 박 회장의 어프로치는 3m 정도 앞에 떨어졌고, 김 상무는 볼을 높게 띄워 짧은 거리에 도달할 때 사용하는 클리브랜드 웨지(Cleveland wedge)를 사용해 홀 컵 1m까지 바짝 붙여 놓았다.

'이번 홀은 내 것이로구나!'

김 상무는 이렇게 속으로 생각하고는 머릿속으로 상금을 계산했다.

"롱기스트 2개, 스킨 하나, 그리고 최 교수와 이 사장 벌금까지 모두 5만 원이네."

김 상무는 혼자 싱글거리며 마크를 하고 공을 집어 들었다. 이 사장과 최 교수는 2퍼트로 마감했다. 이사장 보기, 최 교수 더블 보기다. 그런데 갑자기 먼 거리에 있던 박 회장의 롱 퍼트가 정말 그림같이 홀 컵에 빨려들어가 버렸다.

"나이스 파!"

정작 파를 한 박 회장보다 나머지 두 사람이 더 기뻐했다. 아주 훌륭한 견제가 되었기 때문이다.

박 회장은 3m 파 퍼팅으로 어제 오늘 골프를 시작한 것이 아님을 증명했다. 갑자기 상황이 달라져 이제 도리어 답답해진 사람은 바로 김 상무였다.

"어, 이거 골치 아프게 생겼네."

김 상무는 정신이 산란해졌다. 만약 이 퍼트를 실패하면 스킨은 물론 롱기스트마저 놓치고 만다. 이 퍼트 하나에 5만 원이 달려 있는 것이다. 김 상무 실력으로는 평소 이런 퍼팅은 식은 죽 먹기였다. 하지만 지금은 상황이 달랐다. 갑자기 손이 떨리고 불안했다.

"휴~"

김 상무는 숨을 크게 내쉬었다. 그리고 퍼팅 어드레스를 풀었다. 퍼팅 때에 절대로 컵 안에 넣으려고 생각하지 말라고 했다. 그리고 임팩트 (Impact) 순간에 눈을 감고 공의 행방을 좇지 말라고 자신을 타일렀다.

잠시 그린 위에는 적막이 감돌았다. 다시 퍼팅을 준비했고, 공을 굴렸다. 모두 지켜보고 있었다. 공이 홀 컵을 핥고 나오는가 싶더니만 다시 안으로 굴러 떨어졌다.

"아이고, 십년감수했네. 휴~"

김 상무는 가슴을 쓸어내렸다. 가까스로 파를 한 것이다. 결국 파로 스킨은 무승부가 되었다. 스킨과 벌금은 다음 홀로 넘어갔지만 김 상무는 파를 해서 롱기스트 2개를 가져갔다. 김 상무의 상금은 3만 원이 되었다.

이번 홀은 각자 만족한 상태로 끝을 냈다. 네 사람 모두는 경쟁자인 동시에 공통된 적을 둔 동료다. 즉 '골프 코스'라는 적과 싸우며 경쟁을 벌이고 있기 때문에, 모두가 동료이자 경쟁자다. 네 사람은 다음 홀로 이동했다.

골퍼에게 주된 무기는 자신의 능력에 자신감을 품는 것이다. 골프든 인생이든, 승리를 눈앞에 둔 상황에서 엄청난 압박이 가해질 때 이를 막아 낼 수 있는 가장 강력한 방어수단이 바로 자신감이기 때문이다.

특히, 골프 게임에서는 자신감이 더욱 중요하다. 한 라운드를 하는 동안 수많은 위기에 봉착하게 된다. 뿐만 아니라 비슷한 재능을 가진 경쟁자들 사이에서는 더욱 강인한 정신을 지닌 자만이 승부에서 이기는 것이다. 이러한 경쟁에서 이기기 위해서 몸뿐만 아니라 정신까지 철저하게 무장해야 한다.

이때 가장 필요한 것이 자신감으로, 어떤 경우에도 동요하지 않는 절대적인 정신 상태다. 또한 기대와 성과 사이를 연결하고, 또 투자와 결과 사이를 연결해 주는 다리인 것이다.

Magic tips

골프 에피소드

비겁한 싱글이 되기보다는 정직한 더퍼(Duffer, 풋나기)이어라.

– 보비 존즈

대통령

• 대통령 중 골프와 가장 인연이 깊은 가계는 두말할 나위 없이 조지 부시(George Bush) 대통령가이다. 그의 할아버지 프레스코트 부시는 1930년대 미국골프협회의 사무총장이었으며, 그의 외할아버지 조지 허버트 워커(Herbert Walker)는 1921년 미국골프협회 회장이었다.

조지 부시 대통령이 퇴임한 후 어느 사람이 물었다.

"퇴임 후 골프실력에 달라진 것이 있습니까?"

"대통령일 때는 골프 라운드를 하면 언제나 오너였는데, 이제는 동반자에게 그 영광을 자주 뺏기는 것이죠."라고 답했다.

대통령에게는 성적에 관계없이 프레지덴트 오너(President Honor)를 주는 것이 상례이다.

• 골프광인 클린턴(Clinton) 대통령은 멀리건(Mulligan)을 하기로 유명하다. 그래서 '클린턴 멀리건'라는 용어도 생겨났다. 한국에 방문했을 때 한 골프 클럽은 클린턴 대통령을 위해 오전 예약을 받지 않고 비워

두는 성의를 보였다. 하지만 비행기 시간 때문에 결국 전 홀을 다 못 돌고 돌아갔다.

• 군사정부 시절 어떤 사람이 대통령에게 "누가 제일 골프를 잘 친다고 생각하시나요?"라고 물었다. 그랬더니 대통령은 망설임 없이 "윤 모 장군"이라고 말했다.

"아니, 민 아무개가 제일 잘 친다고 하던데요?"라고 다시 물었더니, 대통령은 "그 친구는 아니야!"라고 퉁명스럽게 대답했다.

사실 민 장관은 싱글 핸디캡으로 잘 치는 골퍼라고 정평이 나 있었다. 그런데 민 아무개 장관은 대통령과 같이 플레이를 할 때 원칙대로 절대로 "기브(Give)"를 주지 않아 대통령이 매우 언짢아했다고 한다. 그러던 중 전반 9홀이 끝난 후 민 장관은 경호실장에게 불려가 호되게 혼이 났고, 후반부터 무조건 '기브'를 주었다고 한다. 그랬더니 대통령이 심기가 더 언짢아 "안 받아!" 하고 게임을 끝냈다고 한다.

이에 반해, 윤 장군은 실제로는 싱글 골퍼였는데 항상 대통령보다 한 타 또는 두 타 정도 졌다고 한다. 그리고 대통령이 슬라이스(Slice)가 나면 그쪽으로, 토핑(Topping)이 되면 조금 멀리 쳐 대통령과 같이 걸으면서 라운드를 했다고 한다.

Magic tips

기업인

• 삼성그룹은 골프와 인연이 깊다. 선대 이병철 회장이 골프를 즐겨 해 그룹 소유 골프장이 4개가 넘고, 삼성 가문인 한솔, CJ, 신세계 그룹도 모두 골프장을 소유하고 있다. 그래서 골프에 관한 재미있는 에피소드도 많다.

골프를 좋아하는 이병철 회장에게 외국 출장을 마치고 돌아온 사람들이 한결같이 신제품을 선물했다고 한다. 그들은 신제품 드라이버를 전해주면서 한결같이 "이 신제품은 지난 것보다 10야드는 더 나갑니다."라고 했다. 그럴 때마다 이 회장은 빙긋이 웃으며 "자네 말대로라면 나는 벌써 300야드가 넘었을 게요."라고 정중히 거절했다고 한다.

이 회장은 매주 수요일 오전 9시에 안양 골프장에서 골프를 즐겼다. 이 회장은 골프가 자기 성격을 고스란히 드러내는 게임이라서 인간성을 관찰하는 무대라고 생각했다. 그래서 "18홀 4시간을 라운드 하면 10년간 모르던 인품을 알 수 있다."고 말했다.

한번은 이 회장이 거금을 들여 잭 니클라우스(Jack Nicklaus)를 초청해 같이 라운드를 했다. 이 회장은 라운드 중에 좋은 어드바이스를 기대했는데 끝날 때까지 아무런 지도를 해 주지 않았다. 결국 이 회장이 한마디 조언을 부탁했더니 잭 니클라우스는 간단히 답했다.

"Do not head up, please! (머리를 들지 마세요.)"

• 현대의 정주영 회장은 골프를 치면서 티를 주우면 아주 즐거워했다고 한다. 비록 작은 것이지만 물건을 중요하게 여기는 마음이 현대라는 큰 기업을 일으키는 근본이 된 것이다.

• 빌 게이츠(Bill Gates) 마이크로소프트 회장이 1994년 1월 1일 멜린다 프렌치와 결혼식을 올린 장소는 하와이 라나이섬 남쪽 해안의 마넬르 베이 코스 17번 홀이었다.

프로 선수

• 벤 호간(Ben Hogan)은 한 마리의 개가 그의 다리 사이를 지나갈 때 승부에 결정적인 퍼팅을 성공시킨 일로 유명하다. 개가 퍼팅에 방해가 되지 않았느냐는 질문에 그는 "무슨 개?"라고 대수롭지 않게 대답했다.

또, 어떤 지인이 벤 호건에게 그 게임에서 가장 중요한 샷이 무엇이었는지 물었다.

그는 공손히 "다음 샷 입니다."라고 답했다.

Magic tips

• 다른 선수와 비교해 장점이 무엇인지 아놀드 파머(Anold Parmer)에게 물어 본 적이 있다.

모두들 긴 직선 드라이브 샷, 혹은 위기 상황에서의 정확한 퍼팅 등의 답변을 기대했다. 하지만 그의 답변은 많은 사람들을 놀라게 했는데, 그 답변은 바로 '집중력' 이었다.

• 잭 니클라우스는 전체 플레이를 통해서 웃지도 않고 진지하게 경기를 이끌어가는 성실 과묵형인데, 리 트레비노(Lee Trevino)는 싱글벙글 웃으며 주위 사람들에게 말을 걸거나 농담을 연발하는 외향 쾌활형이다.

• 1930년대 무렵, 골프 룰의 권위자로 추앙받던 H F 럿셀(Russel)이 친구로부터 짓궂은 질문을 받았다.

"스코어를 속이려 드는 골퍼를 무엇이라고 불러야 하나요?"

럿셀은 한참 동안 생각하다가 이렇게 대답했다.

"글쎄, 그와 같은 행위는 골프를 배신하는 것이므로 골프(GOLF)를 거꾸로 읽어 FLOG라고 이름 지으면 되겠네 그려."

14번 홀
골프는 정중동(靜中動)의 스포츠이다

골프가 인생과 비슷하다는 말을 믿지 말라. 실제로 골프는 인생보다 훨씬 복잡하다.
– 가드너 디킨슨

파 4홀이다. 380m로 아주 평이한 코스이며, 난이도는 스트로크 15번 홀이다. 두 홀 연속 쉬운 홀이다. 평범한 페어웨이 벙커와 그린 앞 벙커가 전부다. 똑바른 페어웨이에 그린이 약간 오르막이다.

티잉 그라운드에 도착을 하자마자 캐디가 물었다.

"식사하셔야지요?"

그렇지 않아도 모두들 뭔가 허전하다고 생각했는데 캐디가 식사 이야기를 꺼냈다.

김 상무가 시계를 보니 벌써 1시 30분이 지났다.

"음, 이 홀 다음에 그늘집이구먼. 식사는 뭐가 되나?"

"자장면과 산채 비빔밥이 있습니다."

"나는 비빔밥."

박 회장이 먼저 주문을 했다.

"나도 같은 걸로 하지."

최 교수도 같은 것을 주문했다. 이 사장은 자장면, 김 상무는 자장면 곱빼기를 주문했다.

캐디는 무전기로 그늘집에 주문을 했다.

"9시 15분 김석산 상무님 팀, 비빔밥 둘, 자장면 둘인데 하나는 곱빼기입니다."

후반으로 갈수록 매 홀 밀리고 있다. 모두들 슬슬 짜증이 나려고 했다. 막간을 이용해 지난 홀 강평을 했다.

"박 회장님, 퍼팅은 정말로 예술이었습니다."

이 사장이 박 회장을 추켜세웠다.

"사실 저는 넣으려고 한 것이 아니고 그저 붙이려고만 했는데, 운이 좋았던 게지요."

박 회장은 겸손하게 말을 하면서 세 사람은 아주 만족한 듯이 이야기를 주고받았다. 하지만 김 상무는 속이 쓰렸다.

"다 잡은 고기를 눈앞에서 놓치다니."

불편한 심기를 다스리려고 연습 스윙을 서너 번 했다.

"미라 씨, 그러면 이번 홀은 얼마짜리인가요?"

이 사장이 캐디에게 이 홀에 걸린 스킨을 물었다.

"벌금 둘에 스킨 2개이니까 4만 원짜리네요."

캐디가 차분히 설명해 주었다.

"김 상무, 기분 풀고 이 홀에서 먹으면 되잖아."

언뜻 듣기에는 김 상무를 위로하는 말인 것 같은데, 사실은 견제하는 말이었다. 이번 홀이 큰 판이라는 것을 일깨워 주어 긴장을 유도하려는 고도의 심리전술이었다.

"안 알려주셔도 잘 알고 있습니다. 이 사장님, 걱정 끊으셔!"

김 상무도 만만치 않았다. 유도 작전에 말려들지 않으려 여유를 부렸다. 비록 짧은 순간이지만 날카로운 신경전이 오고 갔다.

네 사람 모두 무리 없는 티 샷으로 페어웨이에 안착했다. 거리는 최 교수, 이 사장, 김 상무, 박 회장 순이었다. 방향은 왼쪽으로 이 사장과 박 회장이, 오른쪽에는 김 상무와 최 교수가 사이좋게 갈라졌다. 두 사람씩 짝이 되어 공 근처에서 다음 샷을 기다리고 있었다.

앞 팀이 내기를 세게 하는지 퍼팅에 여간 신중하지 않았다. 시간이 꽤 걸릴 것 같았다. 앞 팀을 지켜보고 있으면 속만 상해 흐름을 망칠 것 같아서 쳐다보지 않았다.

6번 홀에서 자진신고를 한 이 사장에게 호감을 가지고 있던 박 회장이 먼저 이 사장에게 말을 걸었다.

"요즘 사업은 잘 되시지요."

"요즈음 어느 회사나 다 어렵잖습니까. 그래도 그럭저럭 꾸려가고 있습니다."

이 사장은 의례적인 대답을 했다.

"그래도 이 사장 회사는 그룹에서 밀어주니까 문제가 없지 않습니까?"

"물론 그렇지요. 하지만 저희도 그룹 외의 일을 50% 정도 하고 있습니다."

"아, 그러세요. 나는 그룹 일만 하는 줄 알았는데요."

자연스럽게 사업 이야기가 계속되었다. 앞 팀의 퍼팅이 아직도 안 끝났다.

"저희 회사도 이번에 정보 시스템을 손을 봐야 하는데."

박 회장이 슬쩍 운을 띄워 보았다.

"제가 도울 수 있는 일이 있으면 성심껏 돕겠습니다."

이 사장은 조심스럽게 답했다. 그러는 사이에 앞 팀이 그린에서 빠져나갔다.

"언제 시간 나시면 한번 사무실에 들르시지요."

박 회장은 이렇게 대화를 마무리하고 두 번째 샷을 준비했다. 이 사장으로서는 새로운 비즈니스가 자연스럽게 시작된 것이다.

두 번째 샷은 박 회장, 김 상무, 이 사장, 최 교수 순으로 했다. 박 회장의 샷은 역시나 짧았다. 김 상무는 거리는 맞았지만 그린 우측에 떨어졌고, 이 사장은 좌측에 떨어졌다. 최 교수의 샷은 그린을 살짝 넘겼다. 아무도 그린에 올리지 못했다.

승부는 쇼트 게임에 달려 있었다. 박 회장의 어프로치는 홀 2.5m 앞에 섰고, 김 상무도 홀 좌측으로 2m 정도 지나갔다. 최 교수 역시 홀을 지나 1.5m 정도 아래에 멈췄다. 이 사장은 한참동안 망설였다.

"퍼터냐? 피칭이냐?"

이 사장의 공은 그린을 살짝 벗어나 러프에 있었다. 그린 주변의 러프

가 길고 거리도 만만치 않았다. 아무리 장외 퍼팅의 달인이지만 퍼터로는 조금 무리인 것 같았다.

"그래 피칭으로 붙이자."

이 사장은 최종 결심을 했다. 그리고 피칭으로 공을 살짝 띄웠다. 공중으로 뜬 공은 그린 중앙에 떨어져 떼구루루 굴러 홀 컵 50cm 옆에 붙었다. 파는 거의 확실했다. 현명한 골퍼는 생각하여 해결되는 문제에 머리를 쓰고, 어리석은 골퍼는 생각해도 해결 안 되는 문제에 골치를 썩는다. 이 사장의 판단은 아주 현명한 것이었다.

"영어 모르십니까?"

이 사장은 마크를 하고 공을 집으면서 농담을 했다. 이번에는 김 상무가 영어로 응수를 했다.

"마크, 프리즈."

박 회장과 김 상무의 피팅은 모두 홀을 스치는 바람에 보기가 되었다. 이제 이 사장을 막을 사람은 최 교수밖에 없었다.

운명의 1.5m의 퍼터.

골프는 정지된 공을 치는 경기이다. 그래서 골프에는 정(靜)의 공포(恐怖)가 서려 있다. 조용한 그린 위를 공은 굴러갔지만 애석하게도 홀 컵 바로 앞에서 섰다. 오르막 경사에서는 공이 홀 컵에 들어가면서 뒷면을 때린다고 상상해야 하고, 내리막 경사에서는 공의 윗부분을 가볍게 건드리는 모습을 상상해야만 한다. 헌데 최 교수는 굴려 넣을 요량으로 때리지 않고 밀었던 것이다.

"아!"

공은 홀 앞에서 멈춰 서고 말았다. 최 교수는 신음을 했다. 자신이 갖는 기대감이나 다른 사람에게 받는 기대감을 만족시켜야 한다는 압박감은 연습장에서는 겪지 않는 감정이다.

최 교수는 이런 기대감과 압박감 때문에 긴장되어 몸의 리듬이 깨지고, 결국에는 자연스런 스윙까지 망치고 만 것이다. 최 교수의 파 퍼팅이 실패하자, 이 사장은 얼굴에 미소를 띠면서 가볍게 공을 넣어 파를 했다.

"나이스 파!"

아무도 파를 축하해 주지 않자 이 사장 본인이 크게 외쳤다. 한순간에 어제의 동지가 적으로 돌변하는 곳이 바로 골프장이다. 세 사람은 서둘러 그늘집을 향했고, 이 사장은 혼자서 휘파람을 불며 뒤따라갔다.

골프는 동양의 서예와 흡사한 면이 많은 것 같다. 기량보다는 정신적인 면을 강조하는 것이 그렇다. 골프는 비록 몸을 움직이는 스포츠이지만 움직이지 않는 공을 치는 운동, 즉 정중동(靜中動)을 즐기는 스포츠이다. 서예는 몸을 움직이지 않고 붓으로 글씨를 쓰는 역시 정중동을 느끼는 예술이다.

전혀 이질적인 두 가지에 상당히 많은 공통점을 가지고 있다. 스윙에 기본은 있지만 결국 자기만의 스윙을 가지게 된다. 서예의 필법도 마찬가지다. 기본을 익히면 자기 고유의 필체를 가지게 된다.

기본 획을 익히고 나면 작품을 쓰게 되는데 이는 마치 골프 한 라운드를 도는 것과 비슷하다. 각 획을 긋는 기본기에 충실해야 하나 전체적인 구도를 잡아야 좋은 작품이 나오듯, 18홀 전체 전략을 세워 한 홀 한 홀 충실히 쳐야 한다. 골프와 마찬가지로 서예 작품은 어느 한 글자를 잘 써야 하는 것이 아니라 최후 마지막까지 실수가 없어야 한다. 골프 역시 18홀 마지막 퍼팅까지 실수를 최대한 줄여야 좋은 스코어로 끝나는 것처럼.

이 모든 과정에 심판이 없이 오직 자기 자신과의 싸움이다. 자기의 실수는 자신만이 알 수 있다. 또 하나의 공통점은 대가(大家)가 되기 위해서는 오직 두 가지 방법 밖에 없다는 점이다. 하나는 충실한 연습으로 기량을 높여 자신감을 갖는 것, 다른 하나는 참선을 하며 도를 닦는 마음가짐이다. 이것은 서예뿐 아니라 골프에도 그대로 적용되기 때문이다.

그늘집 안으로 들어갔더니 이미 주문한 음식들이 나와 있었다.

"야, 오늘 자장면 맛이 죽이네."

이 사장은 기분이 좋아 호들갑을 떨면서 자장면을 먹었다.

"이거 면발이 다 불어 터졌잖아."

김 상무는 이 사장의 심리전에 말려든 기분이 들어서 괜한 투정을 부렸다.

"김 상무, 오늘 죽인다고 하더니 웬일이야?"

질 때는 당당해지고 이길 때는 유순해져야 하는데, 이 사장이 계속 김 상무를 자극하고 있었다. 그렇지 않아도 화를 삭이지 못하고 씩씩거리던 김 상무는 퉁명스럽게 말했다.

"글쎄, 왜 안 되는지 모르겠네요. 연습장에서는 잘 됐는데 말이에요. 그래서 오늘도 '혹시나' 하고 나왔는데 이러다가 또 '역시나' 로 끝나고 마는 것은 아닌지 모르겠네요."

조용히 비빔밥을 먹고 있던 최 교수가 한마디 거들었다.

"제가 훈수해도 괜찮겠습니까?"

30분 먼저 배우면 남을 가르치고 싶은 스포츠가 골프다. 그리고 초보자는 배우는 것으로 라운딩 하고, 중급자는 가르치는 것으로 라운딩 하고, 프로 골퍼는 패션으로 라운딩 한다고 했다.

이론에 밝은 최 교수가 가만히 있을 수 없었다. 최 교수는 별로 우람한 체격도 아닌데 항상 80대 중반을 쳐 내기 골프에서 좀처럼 돈을 잃지 않는다.

"그러시지요. 한 수 배웁시다."

김 상무는 자존심을 꺾고 순순히 응했다.

"제가 남을 가르칠 주제는 안 되지만, 저도 고수에게 한 수 배웠기에 그 비법을 전해 드리지요."

김 상무는 귀를 쫑긋하여 듣고 박 회장과 이 사장은 별 관심 없는 듯하지만 주의를 기울였다.

"쉽게 싱글을 칠 수 있는 비법입니다."

"아이, 뜸 드리지 마시고 본론만 이야기하세요."

성질 급한 김 상무가 채근을 했다.

"허허, 성질이 급하시군요. 자~ 그러면 잘 듣고 실천하셔서 반드시 싱글 되십시오."

최 교수는 단단히 다짐을 받고 설명을 계속했다.

"먼저 힘 빼고 세게 칠 것, 둘째 천천히 빨리 질 것, 셋째 봄 움직이지 말고 체중을 옮길 것, 넷째 일단 마음 비우고 욕심으로 채울 것, 이 네 가지만 지키면 누구나 싱글이 되십니다."

나머지 사람들은 한편으로는 이해가 되는 듯하면서도, 다른 한편으로는 도무지 알 수가 없다는 듯 고개를 갸우뚱했다. 마치 선문답(禪問答)을 한 것 같았다.

간단한 원 포인트 레슨(One point lesson)을 마치고 중간 성적을 점검했다. 성적은 이 사장이 9개 오버, 최 교수가 10개 오버, 김 상무와 박 회장도 똑같이 13개 오버였다.

상금은 최 교수가 6만 원, 이 사장이 4만 원, 김 상무와 박 회장은 같은 3만 원이었다. 하지만 같은 3만 원이지만 의미는 크게 다르다. 박 회장은 OECD 회원이므로 언제든 상금이 줄어들 수 있기 때문에 다소 불리한 처지이다.

성적과 상금은 실력이나 핸디캡에 비례하지 않았다. 하지만 상금은 많이 평준화가 되었다.

그늘집 특강 3 골프에서 배우는 경영

비즈니스는
정직(Honesty)이다

먹고사는 것이 먼저이고, 그 다음은 도덕이다.

– 베르톨트 브레히트

골프는 에티켓이 경기 규칙의 제일 첫머리에 나오는 유일한 스포츠이다. 그리고 "타인에게 관대하고 본인에게 엄격해야 한다."라는 페어플레이 정신과 투명성을 기본으로 하는 운동이다. 또한, 정직과 신용, 그리고 도덕성을 바탕으로 하는 스포츠이다.

골프에 원칙을 지킨 투명성에 관한 사례가 하나 있다. 골프 황제인 타이거 우즈(Tiger Woods)가 아마추어 시절에 아놀드 파머(Anold Parmer)가 식사대접을 했다. 이는 어떠한 향응이라도 받지 말아야 한다는 아마추어 규정을 명백히 위반한 것이다. 그래서 아마추어였던 타이거 우즈는 예정보다 빨리 프로로 전향했다.

그리고 골프 경기에는 심판이 없다. 아무도 보지 않는 곳에서 오직 자기 자신이 심판인 것이다. 그래서 정직이 강조된다. 기록을 잘못하거나 규정 위반을 신고하지 않으면 실격이 된다.

또 골프에는 OB(Out of bounds)가 있다. 일종의 경계선이다. 넘어서는 안 될 선이다. 그 경계선을 넘으면 응징 즉 벌타를 받는다. 비즈니스에서도 이처럼 넘어선 안 될 경계가 있다. 그것은 바로 기업 윤리이다.

골프를 하다 보면 많은 위기에 봉착하게 된다. OB나 벙커 그리고 각종 해저드를 만난다. 기업활동 역시 많은 장애와 위험을 만나게 된다. 그래서 골프나 기업에서 위기관리(Risk Management)는 매우 중요하다. 하지만 위기는 갑자기 다가오는 것이 아니다. 뭔가 사전 징후가 반드시 있기 마련이다.

1 : 29 : 300 이라는 하인리히(Heinrich) 법칙이 있다. 1번의 대형 사고가 발생했다면 이미 유사한 29번의 경미한 사고가 있었고, 그 주변에 300번 이상의 징후가 나타났었다는 이론이다. 또한, 이한로의 '파한집'에 이런 말이 있다.

"지혜로운 사람은 일이 형체로 나타나기 전에 알아차리지만, 어리석은 사람은 무사하다고 생각하면서 태연하게 걱정하지 않고 있다가 급기야 환란이 이른 뒤에야 비로소 애태우고 힘을 써 구하려 한다."

어느 조직에나 위기는 언제든 찾아올 수가 있다. 어느 조직이든 약 20%의 사람들은 언제나 위기를 감지하고 공감할 준비가 되어 있다고 한다. 문제는 그 대처방법이다. 위기에 처할 때일수록 정도(正道)를 걸어야 한다.

오늘날의 경영자의 당면한 과제는 어떤 일을 해야 할지를 알면서도 하지 않는 것이다. 그저 임시방편으로 당장의 화(禍)만 모면하려고 한다. 이는 나중에 더 큰 화를 자초하고 만다. 경영자의 불투명 기업의 운영은 기업 존폐와 직결된다.

골프에서 위기에 처했을 때, 무모한 리커버리 샷보다는 레이업(Lay

up)이 현명한 대처방법이다. 실수를 솔직히 인정하고 올바른 대안을 선택해야 한다. 마찬가지로 비즈니스에서도 위기에 처했을 때, 실수의 가능성을 인정하여 실수가 줄어드는 방법을 찾아야 한다. 위험을 최소 비용으로 보호하려는 위기관리(레이업)가 필요하다.

많은 고객으로부터 지지받던 기업이 단 한 차례의 사고나 불상사로, 순식간에 신뢰를 잃고 성과가 급격히 악화되거나 도산하는 경우가 허다하다. 일본의 유키지루시(雪印)유업이 그랬고, 후지야(不二家)도 그랬다. 국내에서도 대우나 선경 같은 대그룹의 분식회계가 바로 그 예이다.

반면, 위기를 현명하게 대처를 해 기업의 이미지를 높인 사례도 있는데, 마쓰시다 전기의 석유난로 사건이다. 888번의 방송을 통해 성심으로 사고에 대처를 한 결과 기업 이미지가 더 높아졌다.

또한, 위기관리의 3·3·3 원칙은 3시간 내 위기 대응 팀을 구성하고, 3일간 긴급 대응 활동을 펼치며, 3주간 위기상황의 진행과정을 관찰하고 추가 대응을 하는 것이다.

사업에 성공한 사람을 망해 가고 있는 기업에 데려다 놓으면 그 기업을 바꿔 성공한 업체로 만들어 놓을 것이다. 반대로 망해가는 사업가를 성공한 기업에 가져다 놓으면 얼마 안가서 사업을 말아먹을 수도 있다. 그래서 경영자의 투명한 기업윤리 의식이 무엇보다도 중요하다. 경영자가 정직한 품성을 지니고 있다는 것을 입증하기 위해서는 자신의 진실성과 성실성을 보여 주어야 한다.

비즈니스의 핵심은 경영의 투명성(Transparency)이다.

순수성을 극대화 시키는 방법

- 열어라. (let's open.)
- 느껴라. (let's sense.)
- 상상하라. (let's imagine.)
- 내버려 둬라. (let it be.)
- 놀아라. (let's play.)

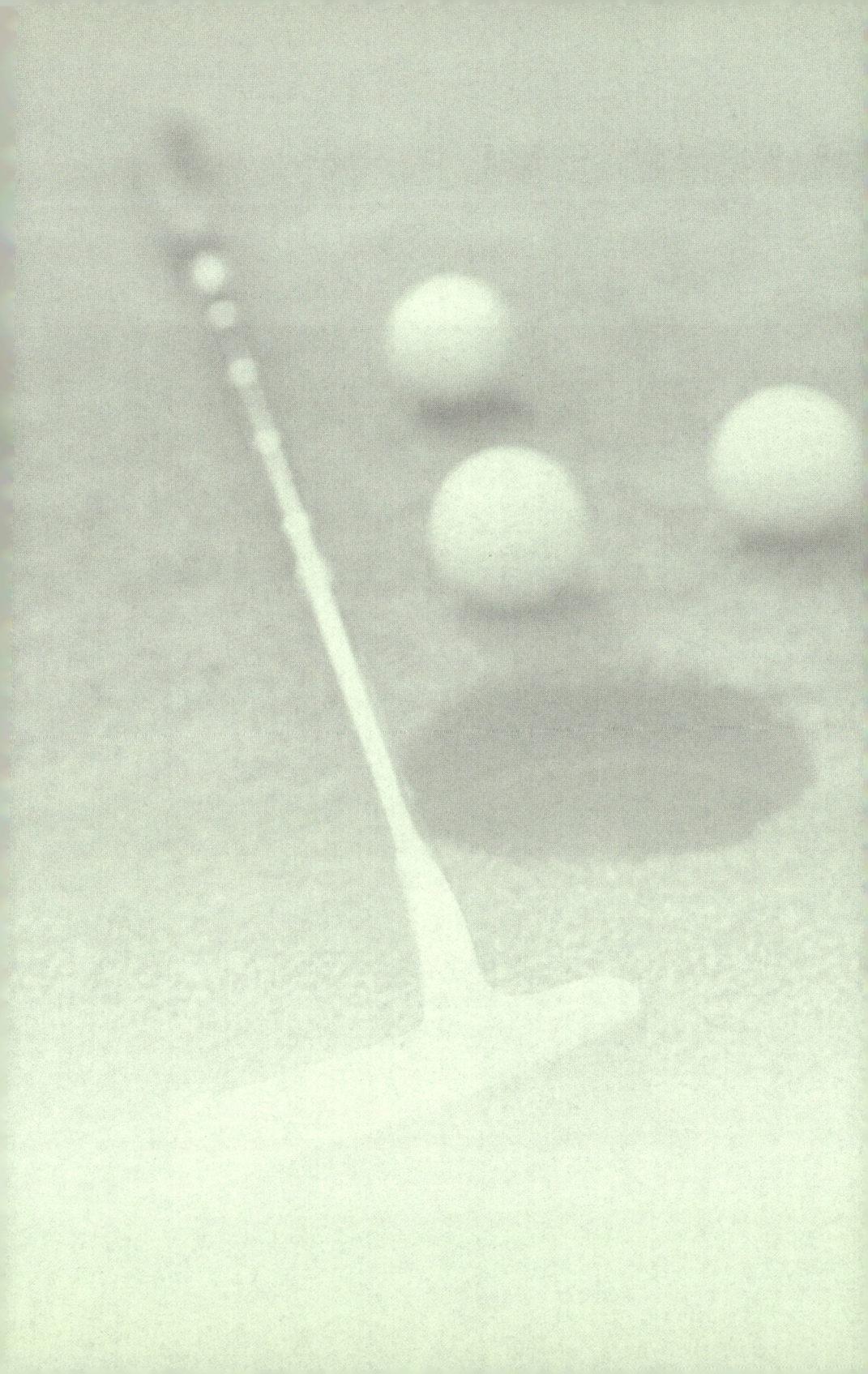

BUSINESS

4 ROUND

깔끔하게 마무리하라

15번 홀. 골프는 실수를 줄이는 것이 중요하다
16번 홀. 골프는 리듬(Rhythm)을 제대로 살려야 한다
17번 홀. 골프는 멘탈 게임(Mental game)이다
18번 홀. 골프는 한 편의 드라마다

코스에 대한 배려
- 벙커 : 벙커에서 플레이를 한 후에는 벙커를 잘 정리하여야 한다.
- 디벗이나 스파이크로 난 자국의 보수 : 손상된 자리는 꼭 보수를 하여야 한다.
- 연습 스윙으로 인한 코스의 손상을 방지한다.
- 퍼팅 그린 위에서 행동을 극도로 주의한다.
- 퍼팅을 하거나 깃발을 잡을 경우 지나치게 홀 컵에 가까이 서는 것을 피한다.
- 퍼터를 땅에 짚고 볼을 홀 컵에서 꺼내는 것을 삼가 한다. 이는 그린을 손상한다.
- 그린을 떠날 때에는 깃발을 제자리에 잘 꽂아 놓는다.

룰의 준수
골프를 가장 재미있게 플레이 하기 위해서는 룰을 잘 지켜야 한다.
룰을 위반하는 것은 골프의 게임 정신을 위반하는 것이며, 이는 상대를 존중하지 않는 행위이기도 하다.
룰을 지키는 것은 골프를 지키는 것이기도 함을 명심하고, 룰에 대한 지식이 없을 경우에는 룰 북을 사서 공부를 하여야 하며, 시간이 없을 경우에는 간이 룰 북을 골프 백에 지참하고 다니면서 필요한 때에 사용하는 것도 좋은 방법이다.

(자료 : USGA 룰)

15번 홀
골프는 실수를 줄이는 것이 중요하다

실패를 어떻게 취급하느냐에 따라 성공 여부가 결정된다.
– 데이비드 페허티

그늘집에서 식사를 하고 나오니 파 3홀이 기다리고 있었다. 이번 홀은 민민치가 않다. 거리도 160m나 되고 그린 앞에 물이 흐르고 있다. 앞 팀은 그린에 올라가 퍼팅을 하고 있었다.

"어, 이제 4홀 밖에 안 남았네. 몇 홀 안 친 것 같은데."

아직도 본전을 못 찾은 김 상무가 조급한 듯 말했다. 사실 박 회장도 3만 원 밖에 못 가져왔지만 처음에 5만 원을 냈기 때문에 마음이 편했다. 오너인 이 사장은 편안하게 샷을 날렸다. 공은 잘 날아가 개울을 지났지만 그린 앞에서 멈췄다. 반면, 김 상무는 3번 우드로 그린을 훌쩍 넘겼다.

박 회장은 개울에도 못 미치게 짧았다. 마지막 최 교수의 공은 높이

떠 개울을 넘겼는가 싶었는데 턱에 맞아 개울에 빠지고 말았다.

"아니, 왜 이렇게 못 치는 거야!"

최 교수는 자기 자신에게 화를 냈다. 골프가 그토록 화나게 하는 게임인 이유는, 배운 것이 너무도 쉽게 잊혀진다는 점과 끊임없이 잘못을 깨닫고 수정하는 일을 되풀이하는 자신을 발견한다는 점이다.

이번 홀에서는 니어리스트를 아무도 하지 못했다. 박 회장은 거리가 있어서 8번으로 어프로치 샷을 했다. 공은 그린에 잘 떨어졌으나 런이 많아 홀을 지나 2m 후방에 섰다.

공을 개울에 빠뜨린 최 교수는 개울 뒤편에서 3타째를 준비했다. 최 교수는 가방에서 공을 찾았다. 최 교수는 항상 3번 공만 친다. 공의 상표보다는 숫자에 아주 민감했다.

한국인에게는 익숙한 숫자가 있다. 대부분 짝수보다는 홀수를 좋아한다. 고스톱을 쳐도 1, 3, 5, 7, 9로 하고, 술을 마셔도 홀수 셈을 한다. 경조금도 4만 원하면 어째 이상하다.

마찬가지로 골프공의 숫자에 민감한 골퍼들이 적지 않다. 2007년 PGA투어에서 우승한 호주의 아담 스미스(Adam Smith)는 9번만 쓴다. 하지만 타이틀리스트(Titleist) 공에는 9번이 없다. 회사가 특별히 아담 스미스를 위해 별도로 제작한 공이다. 피지의 흑진주 비제이 싱(Vijay Singh)은 요일별로 공의 번호를 달리한다. 첫날은 1번, 둘째 날은 2번을 사용하고, 결승날에는 4번을 쓴다.

데이비스 러브(David Love) 3세는 1번만 고집한다. 반대로 카밀로 비예가스는 1번을 절대로 안 쓴다. 국내 선수로는 신지애와 강경남이 3번을 선호한다. 그 이유는 파 4홀에서 버디를 해서 3을 기록하기 위해서라고 한다. 골프는 멘탈(Mental) 게임이라 이러한 상징적인 숫자가 경기를 풀어가는 데 도움을 준다고 믿고 있다.

"어, 3번 볼이 없네."

최 교수는 공을 쉽게 찾지 못해 당황한 기색을 보였다. 골프 가방을 한참 뒤적거리다 가까스로 3번 공을 찾았다. 이럴 때를 대비해 평소에 주머니에 최소한 공을 2개 정도 넣고 다녀야 한다. 만약 두 번째 공이 필요할 때 그걸 찾으러 멀리 있는 골프 가방으로 가야 한다면 모두를 기다리게 만드는 무례한 행동이 되기 때문이다.

"어이고, 십 년 감수했네."

최 교수가 개울 후방에 공을 드롭해 세 번째 샷을 했다. 공은 홀 1.5m 전방에 멈췄다. 김 상무는 그린 뒤에서 깃발만 보고 어프로치를 했는데 공은 내리막을 타고 홀 이게 3m에 멈췄다. 이 사장은 본인의 장기인 장외 퍼팅을 시도했다. 하지만 이번에는 턱없이 짧았다. 아무리 장기라고 해도 매번 잘 칠 수는 없는 것이다. 네 사람 모두 자기 샷에 대해 불만족스러웠다.

유명한 프로 선수인 벤 호건(Ben Hogan)은 골프가 실수의 게임이라는 점을 깨닫게 되었다고 말했다. 프로 선수라도 골프 한 라운드 동안 완벽한 샷은 몇 번 밖에 치지 못한다. 결국 그린에서 승부를 낼 수 밖에 없다. 골프에는 두 가지 게임이 있는데, 하나는 골프이고 또 다른 하나는 퍼팅이다.

먼저 김 상무가 퍼팅 준비를 했다. 김 상무는 3m가 넘는 퍼트를 할 때 항상 삼등분으로 나누어 생각한다. 공이 있는 위치와 중간 지점 그리고 홀 근처로 나누어 상태를 살폈다. 오르막이나 내리막의 높낮이 경사는 볼 반대편 쪽에서 판단해야 하고, 오른쪽, 왼쪽 등 꺾이는 지점의 파악은 볼이 있는 쪽을 중시해야 한다. 김 상무의 오르막 퍼팅은 홀을 살짝 지나 멈췄다. 아깝게 파를 놓친 것이다.

박 회장은 내리막 퍼팅인데 너무 소심한 나머지 미처 다 내려가지 못하고 홀 위 50cm 앞에 서 버렸다. 역시 보기로 마감했다. 그 다음 이 사장은 그린 중앙에서 올려 친 퍼팅이 홀 컵을 360도 돌더니 홀 앞에 섰다.

"아니! 이럴 수가."

이 사장은 너무 안타까워 한동안 공을 집어 들지 못했다. 이미 승부는 끝난 상태지만 최 교수는 신중하게 그린을 읽었다. 공이 홀 아래에 위치했지만 항상 낮은 쪽에서 그린을 읽기 위해 그린 밖으로 나갔다. 1.5m의 퍼팅을 위해 매우 신중했다.

매 순간 변화하는 주변 환경에 따라 마음이 산란해진다면 퍼팅은 제대로 되지 않을 것이다. 스스로 그렇지 않다고 생각하는 순간은 대부분 마음이 산란한 상태이다. 이것이 사라질 때 눈에 보이는 것은 뭐든 중요해진다. 이를 두고 '하나를 위한 집중', 즉 오직 하나의 사물만을 보는 능력이 필요한 시점인 것이다.

"최 교수, 너무 신중한 것 아니야."

기다리다 지친 김 상무가 거들었다. 최 교수는 아무 대꾸도 하지 않고 퍼터로 공을 때렸다. 공은 정확히 홀 중앙에 떨어졌다. 비록 공을 개울에 빠뜨려 1벌타를 받았지만 최선을 다해 보기로 막은 것이다. 퍼팅은 게임

중 또 다른 게임(A game within Game)인 것이다. 15홀만에 처음으로 모두가 보기를 했다. 올 보기(all bogey)를 한 것이다. 스킨은 자동으로 다음 홀로 넘어갔다.

> 골프는 잘못을 바로잡는 개별 동작의 이상적인 개수를 따지는 유일한 스포츠이다. 첫 스트로크를 하고 나서 두 번째 스트로크로 바로 잡고, 세 번째에 그걸 또다시 바로 잡는다. 제대로 되면 그린에 올라가고, 마지막으로 10cm의 구멍에 집어 넣게 된다.
>
> 그래서 골프란 기막힌 굿 샷으로 성립되는 게임이기보다 치졸한 미스가 연속하는 게임이라서, 승자란 그 미스의 범위가 가장 적은 사람이다. 실수는 누구나 언제나 할 수 있는 것이다. 중요한 것은 실수 그 자체가 아니라 실수를 어떻게 만회하느냐이다.
>
> 골퍼 최대의 영광은 한 번도 실패하지 않는 것이 아니라 넘어질 때마다 리커버리(Recovery)하여 일어서는 것이다. 실수를 저질렀을 때 그것을 만회하려면 다음 세 가지 일을 해야 한다.
>
> 첫 번째, 실수를 인정하는 것이다. 그리고 두 번째, 실수로부터 뭔가를 배워야 한다. 마지막으로 그와 같은 실수를 반복하지 않는 것이다. 미스 샷은 하지만, 반드시 다음 샷으로까지 연결되지 않도록 최선의 노력을 기울여야 한다.
>
> "우리는 잘된 것보다 잘못된 것에서 더 많은 것을 배운다."라고 에이브라함 링컨(Abraham Lincoln)은 말했다. 최 교수는 이 홀에서 많은 것을 배웠다. 좋든, 싫든, 인생 역시 골프와 마찬가지로 배움의 과정이다.

Magic tips
골프의 별난 기록들

골프는 짐짓 간단하지만 결국은 복잡한 것이다. 어린이는 골프를 잘할 수 있지만, 성인은 결코 골프를 마스터할 수 없다. 골프는 과학이나 다름없지만 답이 없는 수수께끼이다.

- 아놀드 파머

- **적도 코스** : 케냐 난유키 클럽(시내는 남반구에 위치하고, 골프 코스는 북반구에 위치)

- **북극권 150마일 내 코스** : 스웨덴 비외르클리덴 북극 클럽

- **해발 8,000피트 이상의 코스** : 페루 툭투 클럽(14,335피트), 볼리비아 라파스 클럽(13,500피트), 인도 티베트 국경 인도 국인 클럽(12,800피트), 볼리비아 오루로 클럽(11,000피트), 미국 뉴멕시코주 클라우드크로프트 클럽(9,000피트), 인도 카슈미르주 굴마르그 클럽(8,500피트), 페루 아레키파 클럽(8,367피트)

- 미국 서부에서 동부까지 3,398마일을 11만4,737타와 3,511개의 공을 잃고 횡단한 **크로스컨트리 골퍼** : 플로이드 새터리 루프, 1963년 9월 14일부터 1964년 10월 3일 사이

- 플라스틱에 구멍이 숭숭 뚫린 연습 볼은 정원에서 스윙 연습할 때 이외에는 거의 사용되지 않는다. 그러나 1950년대 서레이주(州) 크로이돈의 아딩톤 코스에서 두 명의 회원이 4분의 1온스짜리 플라스틱 볼로 750스트로크 이내에 한 라운드를 끝낼 수 있는지에 대한 내기를 걸었다. 내기에서 1,000기니아(1,050파운드)를 딴 승자는 18홀을 409타에 끝냈다.

  그는 홀당 가장 적게는 13타를, 가장 많게는 57타를 기록했다.

- 랄프 A 케네디는 천당이라는 거대한 클럽하우스에 들어가기 전 최종적으로 몇 개의 골프 코스 순례기록을 남겼는시는 확실치 않지만 4천 개에 다가서는 중이었을 것이다.

  그는 1950년 당시 미국에 있었던 골프 코스의 절반 정도를 순례했다. 또한 캐나다에서 400개 이상, 남아메리카주에서 20개 외에 버뮤다, 쿠바, 멕시코, 유럽의 코스 등 세계 각지를 순회하며 골프를 쳤다.

- 4대 메이저 대회 모두 플레이 오프에서 패배를 기록한 선수

  미국의 크레이그 우드(1933년 영국 오픈, 1934년 유에스 PGA, 1935년 마스터스, 1939년 유에스 오픈), 호주의 그렉 노먼(1984년 유에스 오픈, 1987년 마스터스, 1989년 영국 오픈, 1993년 유에스 PGA)

Magic tips

- 1993년 4월 29일 세계 골프 없는 날(World No Golf Day) 행사는 실패로 끝났다. 적어도 프랑스와 대만 등지에서 개최된 4개의 주요 대회는 바로 그날 예정대로 시작됐다. 그리고 전 세계의 골프장(2만 3천9백66개로 추정되는)의 내장객 수는 평소와 크게 다를 바 없었다.

- 알 게이버거(Al Geiberger)도 PGA투어에서 60벽을 깬 최초의 선수로 이름을 남겼다. 1977년 멤피스 클래식 두 번째 라운드에서 놀랍게도 59를 쳤던 것이다.
  50대 기록을 세운 사람은 1991년 칩 벡(Chip Beck)과 1999년 데이비드 듀발(David Duval)이 전부이다. 여성 골퍼로는 2006년 소렌스탐(Sorenstam)이 59타를 쳤다.

  - 조나단 라이스(Jonathan Rice)의 「Curiosites of golf」 中에서

16번 홀
골프는 리듬(Rhythm)을 제대로 살려야 한다

골퍼란 항상 자기가 자기를 방해하는 기묘한 인종이다.
— 아보트

마지막 파 5홀은 매우 길었다. 500m가 넘는 홀이다. 난이도를 표시하는 스트로크(Stroke)가 1로 가장 어려운 홀이다. 거리도 거리지만 티 샷이 떨어질 만한 곳에 움푹 파진 계곡이 있고, 그린 앞으로 흐르는 실개천이 두 번째 샷을 어렵게 만든다. 게다가 그린은 아주 크고 3단인데 오늘은 제일 상단에 핀이 위치하고 있어 파를 하기에는 만만치 않은 홀이다.

이번 홀이 오늘 승부의 분수령이 될 것 같았다. 마치 마스터스(Masters) 골프가 열리는 오거스타(Augusta) 골프장의 아멘 코너(Amen corner)와 같은 홀이다.

이 사장은 다 먹은 홀을 놓치고 나니 마음이 조금 상했다. 하지만 평정심을 찾으려 심호흡을 했다. 평정심을 유지한다는 것이 감정을 억누른다는 뜻은 아니다. 억누른 감정은 겉으로 드러나지 않은 것일 뿐 어떤 계기가 주어질 때 무섭게 폭발할 수 있다.

그래서 이 사장은 감정을 억누르지 않고 풀기 위해 심호흡을 한 것이다. 그 덕분에 이 사장의 드라이버 샷이 아주 잘 맞았다. 페어웨이에 떨어진 공이 계속 구르더니 갑자기 시야에서 사라졌다.

"뭐야, 공이 어디 갔어?"

"계곡 내리막 비탈에 걸렸나봐요."

캐디가 알려 주었다.

다음으로 김 상무가 개선장군처럼 올라가서 아주 부드럽게 스윙을 했다. 골프는 리듬이 있는 운동이며, 생체리듬의 춤이다. 골프를 치면서도 춤을 출 때와 똑같은 생물학적 리듬과 근육의 기억을 이용하는 것이다. 김 상무는 자신의 근육이 기억하는 대로 몸을 맡겼다.

골프의 핵심은 자연스럽고 우아한 스윙이다. 자연스럽고 우아한 스윙과 춤은 느낌으로 이루어진다. 골프에 필요한 본능적인 움직임을 실행할 수 있도록 몸을 풀어 주고 신뢰해야만 한다. 그리고 느낌은 의식이나 경직된 통제가 아닌 직관에 의해 이끌린다.

이런 상태에서 친 김 상무의 공 역시 페어웨이 중앙에 떨어졌다. 이 사장 못지않은 거리에 갔지만 다행히 런이 적어 내리막으로 내려가지 않았다.

최 교수와 박 회장 역시 티 샷은 무난하게 했다. 이제 이 홀에서 가장 까다로운 두 번째 샷을 맞이해야 할 순간이 왔다. 박 회장은 무리하지 않고 개울 앞에 떨어뜨렸다. 어차피 세 번째에 그린에 올릴 것인데 무리

할 필요가 전혀 없었다.

하지만 최 교수는 그럴 수는 없었다. 승부를 걸어야 했다. 설사 그린에 못 올라갈지라도 개울은 넘겨 최대한 그린에 가깝게 보내야 했다. 그런데 지난번 파 3홀에서 개울에 빠뜨린 악몽이 되살아났다.

"포기하고 그냥 짧게 쳐, 말아?"

그래도 사나이가 자존심이 있지 결국 3번 우드로 승부했다. 이번에는 다행히 개울을 살짝 넘겼다. 김 상무도 3번 우드를 잡아 가볍게 개울을 넘겼다.

골프는 결코 버디나 파로만 이루어지는 게임이 아니다. 골프는 '하나의 샷 게임'이다. 골프의 진실은 오로지 '지금 치려고 하는 바로 이 샷'만이 존재한다. 골프에 존재하는 시간은 오직 현재뿐이다. 과거는 최대한 빨리 잊어야 한다.

가장 멀리 나온 이 사장은 슬며시 욕심이 생겼다.

"한번 올려 봐."

개울만 넘기는 게 목표가 아니라 그린에 한번 노려보고 싶었다. 헌데 공의 라이(착지한 공의 위치)가 좋지 않았다. 일단 내리막에 걸쳐 있었고 스탠스도 좋지 않았다. 공이 발보다 낮은 위치에 있었다. 그렇지만 이 사장은 3번 우드를 뽑아들어 승부의 샷을 했다.

"아뿔싸!"

좋은 스윙은 항상 좋은 스탠스에서 나오기 마련이다. 좋지 않은 스탠스로 스윙을 해서 공의 머리 부분을 맞추니 땅볼로 굴러 100m도 못 나갔다. 개울을 넘기기는커녕 하마터면 빠질 뻔했다. 미스 샷을 한 것이다.

 골프는 어떤 샷도 가능한 한 단순하게 생각하고 처리하는 것이 제일 좋다. 생각이 많으면 미스 샷이 나올 수 밖에 없다.

 골프에서 결함은 세 가지로 압축할 수 있다. 첫째는 3퍼트이고, 둘째는 벌타, 셋째는 미스 샷이다. 이중에 가장 치명적인 것은 바로 미스 샷이다. 타수를 손해 볼 뿐만 아니라 마음의 평정을 잃기 때문이다.

 실수는 누구나 한다. 문제는 실수를 이겨내는 것이다. 실수를 수긍하는 자세가 중요하다. 어떠한 샷이든 준비과정에서 모든 가능성을 점검해야만 한다. 좋은 샷을 하면 반드시 보람이 있고, 엉터리 샷에는 반드시 벌이 기다린다. 그리고 위험은 가장 작고 보상은 가장 큰 전략을 선택해야 하는데, 골퍼들은 종종 그 반대로 한다. 다시 말해 위험이 큰 도박을 하고 그 결과는 아주 치명적으로 나타난다.

"에이, 이미 버린 몸! 이번에는 홀에 붙여 버려야지."

두 번 미스 샷을 하고 나니 이 사장은 서서히 오기가 발동했다. 어프로치 샷 역시 생크가 나서 오른쪽으로 빗나갔다. 갈수록 태산이었다. 잠시 심호흡을 하고 마음을 가다듬었다.

"대범하게 생각하자. 최악의 결과가 닥친다고 해도 그 때문에 세상의 종말이 오는 것은 아니다. 언제든 만회할 시간은 있다."

이 사장은 침착하게 5번만에 그린에 올렸다. 홀 1.5m 옆에 공을 가져다 놓았다.

골프란 우리에게 많은 것을 알려 준다. 우리 모두에게 약점이 있다는 것, 그리고 자기 약점을 정확히 아는 사람은 거의 없다는 점을 알려 주고 있다.

반면, 박 회장은 약 135m 정도 남은 곳에서 어프로치를 잘할 수 있는 거리에 공을 가져다 놓기로 했다. 무리하지 않고 가볍게 피칭으로 공략해 그린 근처에 가져다 놓았다.

"4온에 1퍼터로 파를 하면 되지. 3온에 2퍼트만 파인가, 뭐."

박 회장은 최선의 선택보다 최악을 피하는 전략을 썼다. 편안하게 어프로치로 4온을 시켜 놓았다. 홀 2m 전방에 붙여 놓았다.

두 사람의 결과는 큰 차이를 나타냈다. 코스에 끌려다니느냐 아니냐가 이런 결과를 보여 준 것이다. 코스에 끌려다니지 말고 코스를 마음대로 다루어야 한다. 골프는 성공과 실패가 모두 순식간에 지나가는 일임을 알려 주고 있는 것이다.

한편, 최 교수와 김 상무는 세 번째 샷에서 그린을 직접 공략했다. 두 사람 모두 그린에 떨어졌으나 조금씩 강해서 그린을 지나 에이프론에 멈췄다.

"도구론이야? 지역론이야?"

최 교수는 그린 밖에서 퍼팅을 하기 전에 김 상무에게 물었다. 3퍼팅의 의미를 확인하려고 물었다.

도구론이란 그린 밖에서 퍼터(도구)를 쓰면 퍼팅으로 간주하는 것이고, 지역론은 그린(지역)에 올라온 다음에 사용한 퍼팅 수만 따지는 것을 말한다. 만약 도구론이라면 최 교수는 3퍼트를 피하기 위해 퍼터 대신 피칭을 사용하려고 했던 것이다.

"물론 지역론이지."

김 상무는 빠르게 유권해석을 내렸다. 자기 처지도 비슷했지만 그보다는 골프 기록에 퍼팅 수는 그린에서 이루어지는 것만을 인정하기 때문이었다. PGA에서 말하는 퍼팅 수(Putt Per Round)는 그린 위에서만 퍼팅 수를 말하고, 평균 퍼팅 수(Putting Average)도 파 온만 된 홀에서의 퍼팅 수의 평균을 말한다.

"도구론이 맞는 것 아니야! 퍼터를 쓰면 퍼팅이지."

이 사장은 볼멘소리로 항의했다.

"오늘 모든 게임 규칙은 김 상무가 정하기로 했으니 그리 하시지요."

박 회장의 중재로 분쟁은 마무리가 되었다. 덕분에 최 교수는 편안하게 그린 밖에서 퍼터를 사용해 홀을 공략했다. 퍼팅한 공은 약 1m 전방에 멎었다.

최 교수의 퍼팅이 짧은 것을 보고 김 상무는 조금 강하게 밀었다. 이번에는 도리어 1m 이상 홀을 지나갔다. 이제 약 2m 반경 안에 네 사람의 공이 있었다.

또 다시 퍼팅으로 승부를 가르는 순간이 왔다. 가장 먼 박 회장의 퍼팅은 홀을 살짝 지나쳤고, 이 사장의 퍼팅도 안 들어갔다. 김 상무와 최 교수 역시 홀이 거부해 보기로 마쳤다.

골프는 불가사의한 게임이지만 특히 불가사의한 게임은 퍼팅이다. 세 사람이 보기, 한 사람은 더블 보기를 했다. 과연 아멘 코너답게 점수가 썩 좋지 않았다. 결국 스킨은 다음 홀로 넘어갔다.

골프에 있어서 코스 운영은 비즈니스를 경영하는 것과 매우 흡사하다. 수많은 변명거리가 상존해 있기 때문이다. 골퍼들은 날씨와 바람 등 환경 탓을 많이 한다. 경영자 역시 경영환경 탓을 한다. 또한 동반자 탓도 많이 한다. 골프에서는 파트너가 동반자이면서 경쟁자이다.

비즈니스도 마찬가지이다. 동업자들과 협력과 경쟁을 같이 해야만 한다. 골프에 사용되는 각종 장비는 경영의 조직 시스템과 같은 역할을 한다. 클럽이 제대로 맞아 주어야 골프 성적이 좋게 나오듯 조직의 기능이 맡은 바 임무를 잘 해 주어야만 경영 성과가 좋아진다.

골프에서 캐디의 역할은 비즈니스에서 직원의 역할과 비슷하다. 캐디를 우군으로 만들어야 경기가 잘 풀린다. 마찬가지로 직원을 우군으로 만들면 경영성과는 저절로 좋아지게 된다.

Magic tips

프로란

아마추어와 프로의 차이는 이렇게 요약된다. 아마추어는 해저드를 찾지만 프로는 착지점을 찾는다.

— 리 트레비노

프로와 아마추어

- 프로는 143m, 또는 157m 식으로 1단위로 재지만, 아마추어는 140m, 또는 150m 식으로 10 단위로 거리를 잰다.
- 프로는 모래 벙커 샷을 오히려 편하게 여기는 경우가 많지만 아마추어는 벙커 샷이야말로 공포의 대상이다.
- 프로는 잔디의 방향을 분석한 후 힘의 조절, 칩샷이나 퍼팅을 하지만 아마추어는 그것을 간과한다.
- 프로는 아무리 먼 퍼트라도 넣으려고 하지만 아마추어는 "3퍼트만 안 하면 좋겠다."고 생각한다.

초보와 싱글

- 초보는 서둘러 급하게 스윙을 하지만, 싱글은 여유를 가지고 천천히 스윙을 한다.
- 초보는 긴 퍼팅은 길게 짧은 퍼팅은 짧게 하지만, 싱글은 긴 퍼팅이

Magic tips

나 짧은 퍼팅 모두 조금 넘치게 한다.
- 초보는 무조건 드라이버 샷을 하지만, 싱글은 전략적인 샷을 선택한다.
- 초보는 드라이버에 목숨을 걸지만, 싱글은 퍼팅에 목숨을 건다.
- 초보는 드라이버 연습을 주로 하지만, 싱글은 어프로치 연습을 반드시 한다.
- 초보는 이론에만 밝지만, 싱글은 실전에도 강하다.
- 초보는 모르면서 아는 체하지만, 싱글은 알면서도 모른 척한다.
- 초보는 매번 최고의 샷을 노리지만, 싱글은 한두 번의 좋은 샷에 만족한다.
- 초보는 가르치기를 즐기지만, 싱글은 배우기를 쉬지 않고 한다.
- 초보는 입으로 치지만, 싱글은 클럽으로 친다.
- 초보는 잘 친 것만 자랑하지만, 싱글은 실수한 것을 반성한다.
- 초보는 장애를 만나면 단번에 만회하려 하지만, 싱글은 일단 탈출에 주력한다.
- 초보는 홀에서 먼 순서대로 잘하고, 싱글은 홀에 가까워질수록 잘한다.
- 초보는 매 홀 스코어에 연연하지만, 싱글은 전체 스코어를 생각한다.

- 초보의 핸디캡은 들쭉날쭉하지만, 싱글의 핸디캡은 꾸준하고 고정이다.

> **진정한 프로 : 세계 골프 명예의 전당** (WGHF; World Golf Hall of Fame)

플로리다에 위치한 '세계 골프 명예의 전당'에는 미국 프로골프(PGA)투어, 미국 여자프로골프(LPGA)투어, 시니어PGA투어, 유럽투어를 망라해 일정 자격을 갖춘 선수가 선정위원회의 투표에 의해 이름을 올릴 수 있다.

- **남자 선수(PGA)의 경우**

최소 40세 이상이면서 10년 간 PAG 투어멤버로 활동한 기록이 있어야 한다.

투어에서 10승 이상을 올렸거나 아니면 4대 메이저와 THE PLAYERS Championship에서 2승 하여야 하며, 5년 간 시니어PGA투어 멤버로 활동하여야 한다.

PGA 투어와 시니어 투어 합산 20승 또는 위에 열거한 대회, 그리고 US Senior Open, Tradition, PGA Seniors' Championship, FORD SENIOR PLAYERS Championship에서 합계 5승을 거두어야 한다.

Magic tips

골프 관련 언론사와 기존 회원 등 관계자들로 구성된 투표인단의 65%의 찬성이 있을 경우에 한하여 명예의 전당에 헌액된다.

• 여자 선수(LPGA)의 경우

LPGA 무대에서 10년 이상의 경력이 있어야 한다. 총 27점을 얻으면 명예의 전당에 이름을 올릴 수 있다. 메이저대회 우승은 1회에 2점, 기타 LPGA 공식대회 우승과 최소 평균타수(베어트로피, Vare Trophy), 올해의 선수상 수상자는 1회에 1점씩을 가산한다.

17번 홀
골프는 멘탈 게임(Mental game)이다

다타호신 소타호심(多打好身 小打好心) : 많이 치면 몸에 좋고 적게 치면 마음에 좋다.
다타호타 소타호낭(多打好他 小打好囊) : 많이 치면 남에게 좋고 적게 치면 주머니에 좋다.

이번 홀은 320m로 짧은 파 4 홀인데 만만치 않은 홀이다. 거리가 짧은데 반해 난이도를 나타내는 스트로크가 6번인 홀이다. 뭔가 숨어 있는 홀이다. 먼저 좌우의 큰 나무가 시야를 좁게 하고 군데군데 벙커가 많이 도사리고 있다. 티 샷이 떨어질 만한 거리인 200m 좌우에 페어웨이 벙커가 있고, 그린 주위에도 벙커가 좌우로 있다. 그리고 그린 뒤는 OB 지역이다.

"미라 씨, 이번 홀은 스킨이 몇 개인고."

지난 홀에서 승부가 나지 않았으므로 그 전 홀 순서로 캐리 오너(Carried honor)가 된 박 회장이 캐디인 미라 씨에게 장난기 섞인 말로 물었다.

"스킨 3개에 벌금 2개 하고 모두 5개네요."

캐디는 친절하게 대답했다. 박 회장의 티 샷이 창공을 가르고 시원하게 날았다.

"나이스 샷!"

캐디가 환호하며 힘차게 소리쳤다. 만약 스스로 상대보다 능력이 떨어진다고 생각하면 절대로 이길 수 없다. 따라서 늘 상대를 이길 수 있다는 자신감은 물론 거만하게 보이는 것이 게임을 풀어가는 데 훨씬 유리하다.

그래서 다음 차례인 김 상무는 죽지 않고 당당하게 티잉 그라운드에 올라 힘차게 연습 스윙을 했다. 연습 스윙은 '씽~씽~' 바람을 갈랐다. 헌데 정작 티 샷은 잘 맞지 않았다.

김 상무의 공은 낮게 깔려가다가 페어웨이에서 한없이 굴렀다.

"굿 샷!"

캐디가 이번에는 그저 그런 듯이 소리쳤다. 김 상무는 티잉 그라운드에서 내려오면서 물었다.

"미라 씨, 굿 샷과 나이스 샷의 차이가 뭐야?"

"굿 샷은 굴러서 멀리 가는 샷이고, 나이스 샷은 날아서 멀리 가는 샷이라고 선배 언니들이 그러던데요."

미라는 수줍은 듯 웃으며 말했다.

"그래, 듣고 보니 그럴 듯하네. 말 된다. 하하하."

모두들 한바탕 웃었다. 지난 홀의 부진했던 악몽들을 한방에 날려 버리는 엔돌핀이 솟아났다. 한바탕 웃은 덕분에 최 교수와 이 사장의 샷도 잘 맞았다. 다행히 한 사람도 벙커에 빠지지는 않았다. 이 사장은 장타라서 벙커를 넘겼고, 굴러온 김 상무의 공은 벙커 앞에 멈춰 서 있었다.

네 사람 모두 그린에 올리기보다는 벙커를 피하는 것이 급선무였다. 무리하게 그린을 노리다 자칫 벙커에 들어가면 벌금도 벌금이지만, 스킨을 먹을 수 있는 확률이 적어지기 때문이었다. 코스 매니지먼트가 절실한 상황이었다. 각자 나름대로 벙커를 피하는 전략을 구사했다.

먼저, 박 회장은 벙커 앞에 가져다 놓고 어프로치로 승부하기로 했다. 페어웨이의 한가운데서 박 회장은 우드 3번으로 샷을 했다. 공은 그린 앞의 벙커 앞에 멈췄다. 박 회장은 벙커 바로 앞에 있는 공까지 걸어갔다. 그리고 샌드 웨지를 사용해 그 공을 깨끗이 살려서 그린 위에 올려놓았다.

나머지 세 사람은 벙커를 넘겨 직접 그린을 노리기로 했다. 김 상무의 두 번째 샷은 아슬아슬하게 벙커 턱을 맞고 넘어가 그린 앞에 떨어졌다.

"휴~"

김 상무는 큰 한숨을 내쉬었다. 다음에 친 최 교수의 공은 정확히 그린으로 떨어졌다. 그린이 높은 곳에 위치해 공이 굴러가는 것을 보지 못했다.

"나이스 온!"

캐디가 소리쳤다. 최 교수는 회심의 미소를 띠우며 손을 흔들어 답했다. 마지막 이 사장의 샷은 우측 벙커를 넘어 그린 턱에 맞아 그린으로 올라가는 듯하더니 2~3m 굴러 내려왔다. 두 번째 샷도 모두 벙커를 피했다. 네 사람이 그린에 도착해 보니 그린에 공이 하나도 없었다. 최 교수는 흥분하기 시작했다.

"아니? 홀 인(Hole in) 했나?"

분명히 그린에 떨어졌는데 공이 안 보이니 홀에 들어간 것이 아닌가 하는 생각이 들었다.

"그러면 이글(Eagle)이잖아."

이글은 기준타수보다 2타 적은 것으로 파 4홀에서는 두 번 만에 홀에 넣는 것이다. 최 교수는 흥분된 마음으로 홀로 다가갔다. 그런데 홀 컵 안에 공이 보이지 않았다. 흥분되었던 가슴이 이번에는 철렁했다.

"그러면 어디로 간 거야, 뒤로 넘어갔나?"

이렇게 생각이 들자 이번에는 OB 걱정이 앞섰다. 최 교수가 부리나케 그린 뒤쪽을 보니 뒷비탈에 공이 걸려 있었다. 그린이 딱딱해서 맞고 튕겨나간 것이었다. 최 교수는 그 짧은 순간에 희비가 교차되는 심리적 갈등을 겪었다. 그야말로 천당과 지옥을 오갔던 것이다.

하지만 진짜 문제는 그것이 아니었다. 그린이 작은데다가 마치 종이를 마구 구겨 놓은 듯한 모양이었다. 브레이크를 가늠할 수 없는 상황이라 그린에 올려 놓아도 2퍼트를 아무도 장담할 수 없었다. 그린에 올려 놓는 것이 중요한 것이 아니라 가장 좋은 위치에 가장 가깝게 붙이느냐가 관건이었다.

"야! 그린 꼬라지 좀 봐라. 왜 스트로크가 6인지 이제야 알겠네."

김 상무가 혀를 차며 그린 상태를 살펴보고는 어프로치를 하러 다시 그린을 내려갔다.

"그린 꼴이 이 모양인데 왜 비탈에다 홀 컵을 박아 놓은 거야! 그린 키퍼(Green keeper)가 어제 부부싸움을 했나?"

그린 키퍼는 그린을 관리하고 매일 홀의 위치를 정하는 사람이다. 과묵한 박 회장도 홀 위치에 대해 불만을 표시했다. 하지만 스코어를 만드는 것은 자신이다. 환경을 탓하지 말고 그것을 극복해야 한다. 골프를 치는 것은 자기가 즐기기 위한 것이지 불평하기 위한 것이 아니다.

박 회장의 퍼팅은 오른쪽으로 굴러가다가 중간쯤에서 다시 왼쪽으로 휘어졌다.

"이거 완전히 S라인이네."

김 상무의 공은 작은 구릉을 몇 개 쯤 넘어 적어도 세 번은 방향을 바꿔야 할 것 같았다. 아주 신중하게 어프로치를 했다. 어프로치의 경우에는 숨을 깊고 짧게 한다. 호흡의 길이로 백 스윙의 크기를 조정하는 것이 포인트다. 그린에 떨어진 공은 뒤죽박죽인 브레이크를 타고 굴러가 1m 옆에 붙였다.

"음, 과연 내 어프로치는 일품이라니까."

김 상무는 자화자찬을 하면서 마크 하고 공을 집어 들었다. 최 교수가 어프로치한 공은 홀을 향해 오른쪽으로 내려오다 왼쪽으로 흘러 움푹 파진 곳에 멈췄다.

"야, 이건 그린도 아니다."

냉정한 최 교수도 한마디 거들었다. 이 사장의 어프로치는 오른쪽 2m에 붙였다. 거리는 멀었지만 브레이크가 무난한 곳이었다. 브레이크를 살핀 이 사장은 신중하게 퍼팅을 했다. 똑바로 굴러 한 번에 들어갔다.

"나이스 파!"

이 사장은 파를 하고 주먹을 불끈 쥐었다. 여유만만하게 공을 꺼내어 뒤로 물러났다. 박 회장과 최 교수는 1퍼트를 실패했다. 이제 김 상무만 기회가 있었다.

"와, 이거 부담되네."

퍼팅 프리 루틴을 하는 김 상무의 얼굴에 긴장감이 돌았다. 보통 그린이라면 쉬운 퍼팅인데 워낙 브레이크를 종잡을 수 없는 상황이라 아주 신중했다. 짧은 퍼팅 때에는 누구나 숨을 죽이고 백 스윙의 크기로 조정했다. 볼을 더 짧게 쳐야 한다면 속도가 아닌 백 스윙의 길이를 줄이는 편이 좋기 때문이다.

김 상무가 퍼팅한 공이 오르막을 타고 오르자 모두 시선이 집중되었다. 공은 홀 컵 앞에 와서 멈췄다. 모두 숨을 죽이고 바라보고 있는데, 잠시 후 공이 홀 안으로 떨어졌다.

"나이스 파!"

김 상무보다 최 교수와 박 회장이 더 기뻐하며 김 상무와 하이 파이브(Hi-five)를 했다. 먼저 파를 하고 여유를 잡던 이 사장은 그저 쓴웃음만 짓고 있었다.

골프 스코어 하나하나는 80%의 고통과 20%의 즐거움을 선사한다. 세 사람은 그 20%의 즐거움을 만끽하고 있는 것이다. 결국 이번 홀도 무승부가 되어 모든 스킨은 마지막 홀로 넘어갔다. 18홀이 최종 홀이면서 최후의 승부처가 되었다.

골프는 다섯 가지 게임으로 구성되어 있다고 한다.

티잉 그라운드와 페어웨이에서 전개되는 파워(Power) 게임, 1000야드 거리 안에서의 쇼트(Short) 게임, 그린에서 전개되는 퍼팅(Putting) 게임, 게임의 운영과 판단력에 좌우되는 매니지먼트(Management) 게임, 그리고 심리적 요소에 좌우되는 멘탈(mental) 게임이다. 이것들 중 어느 하나 소홀히 할 수 없지만 무엇보다도 멘탈이 중요하다.

골프는 극단적으로 말해, 어느 수준에 이르면 10%가 기술이고 90%는 멘탈 게임이라고 한다. 아무리 기술이 좋아도 기술만으로는 결코 승자가 될 수가 없는 게 골프다. 철저한 자신과의 싸움인 골프 게임에서 자신을 다스릴 수 있는 능력 없이는 좋은 스코어를 만들 수 없다.

기복 없는 플레이를 하려면 두 가지 3C를 갖추어야 한다. 자신감(Confidence), 집중력(Concentration), 자제력(Control)과 일관성(Consistence), 침착성(Composure), 그리고 용기(Courage)가 바로 그것이다. 모든 위대한 골퍼들은 게임의 90%가 심리적이라는 것을 알고 있다.

인생도 마찬가지다. 모든 것이 마음먹기에 달려 있는 것이다.

Magic tips

골프란

골프는 에티켓에 대한 설명으로 규칙이 시작되는 유일한 스포츠다.

— 레리 플레이어

정 의

- 골프란 잘하기 어렵고, 속이기 가장 쉽고, 못해도 재미있는 경기이다. 그리고 잘 안 되니까 재미있고 자꾸 하고 싶어진다.
- 골프는 대략 4시간이 걸리는 게임이다. 한 샷에 3초 정도이고 80타를 기준으로 할 때 240초, 즉 4시간 라운드 중에 4분을 제외한 3시간 56분은 골프의 틈이다.
- 골프는 생각하는 운동이다. 잘 치는 사람은 "샷을 하기 전"에 생각하고, 못 치는 골퍼는 "샷을 하고 난 후"에 생각한다.
- 골프는 인생을 비추는 거울로 인간이 고안해낸 것 중에서 가장 완벽한 거울이다.
- 골프는 하나의 삶과 같다. 골프에는 즐거움과 슬픔이 있고, 계절이 있고 미래가 보이는 찬연한 꿈과 철학이 있다. 여기에 남을 이해하는 너그러움이 있고 괴로움을 이겨낼 수 있는 의지가 있다.
- 골프를 가리켜 '평생의 동반자'라 한다. 골프야말로 지(知), 정(情), 의(意) 경험 위에 세워지는 능력의 조화라고 규정하는 사람도 있다.

골프를 익힌 사람들은 '골프라는 영원성에 도전' 하고 있는 것이다.
- 골프는 결과를 위하여(Objectives), 자신이 결정하고(Decision and planning), 행하는(Execution), 작지만 위대한 도전(Risk taking)이다.

법칙

- 골프 5개 과제의 법칙

골프는 첫째 매너, 둘째 그립, 셋째 느린 스윙, 넷째 적당한 힘 빼기, 그리고 다섯째 퍼트이다.

- 레슨 프로 4등급의 법칙

보통의 레슨 프로는 말로 하고, 좋은 레슨 프로는 설득하고, 뛰어난 레슨 프로는 실증하며, 위대한 레슨 프로는 고무시킨다.

- 골프 최악의 법칙

골프는 정직한 사람을 거짓말쟁이로, 애타(愛他)주의자를 사기꾼으로, 겁쟁이를 용감한 사람으로, 그리고 모든 사람을 바보로 만든다.

Magic tips

• 각국 골퍼의 법칙

영국인은 도구와 매너에 대해 잔소리하고, 프랑스인은 패션과 파트너에 시끄럽고, 미국인은 스윙과 대화의 중요성을 강조하며, 한국인은 마냥 웃으며 스코어만 따진다.

• 골프와 직업의 법칙

골프를 샐러리맨이 하면 전근되고, 연예인이 하면 이혼하고, 상인이 하면 세무서에 불리고, 정치가가 하면 검찰에 소환되고, 스포츠 맨이 하면 부상한다.

• 스코틀랜드의 세 가지 금언(金言)

- Slow Back slow Down. (천천히 올리고 또 천천히 내려라.)
- Never up never in. (다다르지 못하면 들어가지 않는다.)
- Keep your eyes on the ball. (볼에서 절대로 눈을 떼지 말라.)

18번 홀
골프는 한 편의 드라마다

중요한 것은 누가 게임을 시작하는가가 아니라 누가 게임을 끝내는가이다.
– 존 우드

마지막 홀은 파 4홀이었다. 380m의 평이한 홀이다. 그동안의 격정을 정리하고 편안한 마음으로 클럽하우스로 들어오라는 배려의 홀이다.

"잠깐 마지막 홀이니까 결산을 해야지요. 남은 상금을 모두 소진해야 합니다. 미라 씨, 얼마 남았지?"

김 상무가 티잉 그라운드에 오르면서 말했다.

"그동안 상금을 받아 가신 분이 안 계셔서 7만 원이 남았는데요."

캐디가 남은 돈을 세어보고 답했다.

"자, 그러면 '딩동댕'을 하고, 나머지는 모두 스킨으로 하겠습니다."

딩동댕 게임에 각 1만 원씩 3만 원을 걸었고, 마지막 스킨은 4만 원이 되었다.

"딩동댕이라니?"

이번에도 역시 최 교수가 물었다. 골프 룰에는 박사지만 게임 룰에 대해서는 조금 문외한이었다.

"딩은 롱기스트, 동은 퍼스트 온(First on), 댕은 퍼스트 인(First in)입니다."

역시 게임에 밝은 이 사장이 자세히 설명을 해 주었다. 퍼스트 온은 그린에 가장 먼저 올린 사람이고, 퍼스트 인은 홀에 먼저 넣은 사람을 말한다.

"마지막 홀인데, 벌금은 없는 것이지요?"

최 교수가 김 상무에게 최종 확인을 했다.

"그러지요. 친선 게임에서 마지막까지 벌금을 내서야 되겠습니까?"

명쾌하게 유권해석을 내린 김 상무가 마지막 홀에 오너가 되어 티잉 그라운드에 올라갔다.

"마지막 오너가 진정한 오너 아닙니까?"

김 상무는 너스레를 떨면서 긴장을 풀려 했다. 샷의 준비에서 가장 중요한 핵심은 몸의 긴장을 푸는 것이다. 하지만 긴장을 풀려고 골프를 치지 말고, 골프를 치기 위해 긴장을 풀어야 했다.

골프는 플레이어 자신의 승부 정신이요, 리듬이요, 타이밍(Timing)이라고 할 수 있다. 숨을 들이쉬고 내쉬는 호흡이라는 측면에서 보면 골프는 백 스윙의 톱(Top)이 전환점이다. 어드레스에서 백 스윙 톱까지가 들이쉬는 호흡이고 톱에서 다운 스윙으로 바뀌어 임팩트 피니시(Finish)까지는 숨을 멈추거나 내쉬는 호흡이다.

김 상무는 몇 번의 호흡 조절을 한 뒤 스윙을 했다. 드라이버 샷이 아주 멀리 날아갔다. 김 상무의 마지막 홀 시작이 좋았다.

"아니, 김 상무 장타의 비결이 뭐요?"

항상 짧은 거리로 스트레스를 받고 있는 박 회장이 물었다.

"회장님! 주사 한 대로 모든 병을 고치려고 하니 되겠습니까? 하지만 한 가지 비책을 가르쳐 드리지요. 그 대신 장기 복용을 하셔야 합니다."

김 상무는 우쭐해서 말했다. 박 회장은 혹해서 다그쳤다.

"그 비결이 뭔데?"

"기초부터 착실하게 잡아가십시오. 그리고 꾸준히 연습하십시오."

김 상무의 너무 당연한 말에 박 회장은 피식 웃고 말았다.

"에끼! 이 사람. 노인네 희롱하나!"

박 회장은 화를 내는 척했지만 사실 김 상무의 비책에 대해 크게 기대를 하지 않았다. 골퍼들은 스윙을 완벽하게 해낼 수 있는 비결, 그것도 짧은 시간에 배워서 영원히 잊혀지지 않을 비법을 찾아 헤맨다. 골퍼들은 모든 비결을 알고 싶어 한다. 그것도 지금 당장! 하지만 골프에는 지름길도 없고 비결도 없다.

박 회장은 자신만의 스윙으로 티 샷을 했다. 항상 같은 거리 같은 방향이었다.

골퍼라면 누구나 자기만의 스윙 방법을 가지고 살아가게 된다. 한 번 스윙이 영원한 스윙이 되는 것이다. 골프를 1년 정도 쳤으면 완전한 스윙에 대한 꿈은 버려야 한다. 왜냐하면 일단 그립과 자세와 타격 동작의 기본을 배우고 나면, 나중에 아무리 애를 써도 본질적인 특성 면에서 결코 변하지 않는 스윙 스타일을 얻기 때문이다.

그래서 박 회장의 '월하의 검법'이 완성된 것이다. 무술에 "초식을 익히되 초식에 갇히지 마라."라는 말이 있다. 마찬가지로 도(道)를 배우지만 결국에는 나만의 도를 만들어야 한다. 다시 말해 자기만의 스윙을 가져야 한다.

이 사장과 최 교수도 역시 자기만의 샷으로 좋은 위치에 공을 보냈다. 하지만 이 사장의 공은 최 교수 거리에 못 미쳤다. 예상대로 최 교수가 롱기스트가 되어 '딩'을 차지했다.

"딩동댕에서는 파를 안 해도 되지요?"

최 교수는 다시금 확인했다.

"네. 무조건 멀리 나가면 됩니다. 최 교수께서 '딩'을 차지하셨습니다."

김 상무가 확인을 해 주었다. 일반적으로 롱기스트는 파를 해야 되지만, 딩동댕에서는 그냥 멀리 나가면 '딩'이 된다. 일단 스킨 하나를 챙긴 최 교수는 마음이 편했다. 내친걸음에 스킨까지 노려볼 심산이었다. 두 번째 샷부터는 순서를 철저하게 지켜야만 했다. 딩동댕의 '동'을 결정해야 하기 때문이다.

박 회장은 스킨보다는 딩동댕 중 하나라도 챙겨야겠다는 생각에 무리해서 3번 우드를 들었다. 두 번째 샷에 그린에 올려 '동'을 노린 것이다.

좋은 골퍼는 홀 전체를 두고 경기를 하는 것이 아니라, 한 샷 한 샷에 최선을 다하는 사람이다. 한 번에 한 샷에만 집중해 경기를 해야 한다. 그리고 많은 생각이 아니라 옳은 생각 하나만 생각해야만 좋은 결과가 나온다. 그 옳은 생각이란 어드레스와 피니쉬, 두 가지만을 생각하는 것이다.

그런데 박 회장은 한 가지 더 생각했다. 그림같은 투 온. 너무 많은 생각을 한 박 회장의 두 번째 샷이 흔들렸다. 그린에 올라가기는 했는데 왼쪽으로 휘면서 그린을 많이 벗어나고 말았다. 페어웨이 우드이기 때문에 공이 예상보다 많이 굴렀다.

"에그머니나! 너무 땡겼구먼."

박 회장은 아쉬워했다. 두 번째는 이 사장의 차례였다. 가볍게 5번 아이언으로 공략했다. 공은 그린 앞에 떨어지더니 그린 위로 굴러 올라갔다.

"나이스 온!"

캐디가 환호를 했다. 이 사장은 얼굴에 웃음을 띠며 손을 들어 화답했다. '동'은 이 사장 몫이 되었다. 김 상무는 초조해지기 시작했다.

"이거 이러다가 아무 것도 못 먹는 거 아니야?"

김 상무 역시 5번 아이언으로 그린을 공략했다. 그린에 제대로 떨어지기는 했는데 공이 멈추지 않고 그린 위를 한없이 굴러갔다.

"야, 야. 서라, 서!"

다급해진 김 상무는 소리를 쳤다. 하지만 공은 무심하게 한없이 굴러 그린 끝에 멈춰 섰다. 그래도 아슬아슬하게 겨우 그린에 올라갔지만, 이미 '동'은 이 사장 몫이 되어 아무 소용이 없었다.

최 교수는 마지막 남은 '댕'보다도 스킨에 욕심을 내 홀을 직접 겨냥했다. 최 교수의 공은 그린에 맞아 오른쪽을 튀어 바로 옆 벙커로 들어갔다.

"아니, 이럴 수가!"

최 교수는 크게 낙담을 했다. 그리고 자신을 책망했다.

"그나마 다행입니다. 벌금은 안 내셔도 되니까요."

이 사장이 위로의 말을 했다. 두 사람이 그린에 있고 두 사람은 아직 못 올라왔다. 박 회장은 그린 주변에서 피칭이나 샌드로 볼을 띄우는 것보다는 퍼터나 7번으로 낮게 어프로치하는 것이 확실한 방법이라고 생각했다.

"붙여서 파를 해야지."

박 회장은 퍼터로 장외 퍼팅을 시도했는데 에이프론에 걸려 멀리 못 가고 그린에 겨우 올라갔다.

"회장님 그건 제 전매특허인데 아무나 하시면 안 되죠. 저한테 허락을 받아야지요."

장외 퍼팅의 달인인 이 사장이 슬쩍 농담 한마디를 던졌다. 최 교수는 신중하게 벙커 샷을 해 그린에 올려 놓았다. 네 사람 모두가 그린에 올라 왔다.

이제부터 본격적인 '댕'의 전쟁이 시작되었다. 현재 상태로는 박 회장, 김 상무, 이 사장, 최 교수 순이었다. 박 회장은 이미 스킨은 틀렸기에 과감하게 '댕'을 노렸다. 이판사판으로 강하게 퍼팅을 했다. 공은 홀을 훨씬 지나쳐 버렸다. 그래도 아직 한 번 더 기회가 남아 있었다. 다음으로 김 상무가 퍼팅을 했다. 버디를 노린 퍼팅이었는데 너무 긴장한 탓에 뒤 땅을 쳐서 얼마 못 가고 서고 말았다.

"에이, 이 중요한 시점에 퍼팅을 뒤 땅 때리다니!"

김 상무는 자신을 나무라면서 마크를 하고 공을 집어 들었다. 이 사장은 두 마리의 토끼, '댕'과 버디를 노렸다. 하지만 이 사장의 회심의 버디 퍼팅은 너무 세서 홀을 지나쳤다.

"버디는커녕 보기도 어렵겠네."

김 상무가 약을 올렸다. 아무도 '댕'을 하지 못하고 다시 한 번 퍼팅 승부를 해야만 했다. 이제 순서가 바뀌었다. 박 회장, 최 교수, 김 상무, 이 사장 순이 되었다. 박 회장은 이번에도 역시 강하게 밀었다. 공은 직선으로 구르더니 홀 컵의 뒤를 때리고 튀어 오르면서 홀 컵 안으로 들어갔다.

"야! 댕이다!"

박 회장은 환호를 했다. 비록 성적은 더블 보기가 되었지만 퍼스트 인 '댕'을 차지한 것이다. 이로써 '딩동댕'이 모두 결정이 났다. 이제 남은 것은 스킨 밖에 없었다. 최 교수는 마지막으로 스킨을 노리고 퍼팅은 했다. 공이 홀 컵을 살짝 돌아 나왔다.

"이거, 홀이 나를 거부하네."

최 교수는 홀 근처에 가서 공을 탭인 하고는 씁쓸하게 공을 꺼냈다. 보기로 마쳤다. 김 상무와 이 사장이 마지막으로 스킨을 겨루게 되었다. 먼저 김 상무가 퍼팅을 했다. 여러 생각이 교차되었다. 하지만 김 상무는 직관을 믿었다. 직관은 다른 기능으로는 알 수 없는 진실을 정확히 알려준다.

대부분의 사람들은 이성보다 미덥지 못하다는 생각에 직관의 힘에 의지하지 않지만 골프에서 직관은 아주 중요한 역할을 한다. 이번 퍼팅에 성공하면 스킨을 손에 넣을 수 있는 상황이었다.

김 상무는 심호흡을 했다. 그리고 퍼터로 가볍게 공을 쳤다. 공이 홀 컵을 향해 보기 좋게 굴러가고 있는 것이 보였다. 퍼터를 떠난 공은 브레이크를 따라 흐르더니 홀 근처에서 머무는 듯 싶었다. 그리고는 멈췄다. 'Titleist' 라는 검은 글씨가 확실하게 보였다.

"들어가."

김 상무는 작은 소리로 속삭였다. 마지막 순간에 공이 약간 오른쪽으로 기우뚱하더니 이내 홀 안으로 떨어졌다. 김 상무는 이제 스킨은 '내 것' 이라고 생각했다.

"나이스 파!"

김 상무는 타이거 우즈가 우승 세레모니 하듯이 주먹을 불끈 쥐었다. 한껏 기가 오른 김 상무를 뒤로 하고, 이 상무가 마지막 퍼팅의 프리 루틴에 들어갔다. 이 사장은 긴장이 되어서 좀처럼 퍼팅감을 잡을 수가 없었다. 자연히 프리 루틴의 시간은 길어지고 몸은 경직되었다.

잠시 프리 루틴을 풀고 심호흡을 했다. 그러고는 다시 퍼팅 자세를 취했다. 드디어 이 사장의 공이 그린을 굴러 홀을 향했다. 네 사람의 여덟 개 눈동자는 공을 따라가고 있었다. 홀을 향해 가던 공은 홀 바로 앞에서 멈춰 서고 말았다.

"스킨은 내 꺼다!"

김 상무가 퍼터를 던지고 팔짝 뛰었다. 마지막 순간에 드라마같이 승부가 났다. 버디를 노렸던 이 사장은 보기를 했고, 파라도 바랐던 박 회

장은 더블 보기를 했다. 버디의 동생은 보기이고, 파의 동생은 더블보기라는 '골프방정식' 대로 된 것이다. 7개의 스킨은 네 사람이 고르게 나눠 가졌는데 가장 큰 스킨을 김 상무가 가져갔다.

"오늘 즐거웠습니다."

이 사장이 모자를 벗고 인사를 했다.

"덕분에 잘 쳤습니다."

최 교수가 악수를 하면서 답례를 했다.

"골프는 완벽하게 정복할 수 없는 운동이지요. 아마 그것이 많은 사람들이 골프에 매혹되는 이유일 겝니다. 그러나 골프는 완벽한 사랑을 배울 수 있는 게임이지요."

박 회장이 덕담으로 오늘 게임을 끝냈다. 네 사람은 그린 위에서 서로 악수를 나누며 경기를 끝냈다. 네 사람은 각자 자기의 원을 그렸다. 어떤 사람은 크게, 또 어떤 사람은 작게.

최종 스코어는 최세형 교수가 86타, 김석산 상무와 이충상 사장이 87타, 그리고 박영두 회장이 90타로 모두 자기 핸디캡 이하를 쳤다. 오늘의 메달리스트는 최 교수이고, 핸디를 적용하면 박 회장은 68, 최 교수는 71, 김 상무는 70, 이 사장은 72가 되어 우승은 4타를 적게 친 박 회장이다.

메달리스트는 총 점수(Gross score)가 가장 잘 친 사람을 말하고, 우승은 점수에서 핸디캡을 뺀 네트 스코어(Net score)가 가장 좋은 사람을 말한다. 하지만 상금은 김 상무가 7만 원, 최 교수가 7만 원, 박 회장이 4만 원, 이 사장이 5만 원이었다. 김 상무와 최 교수는 상금 순위 공동 1위다.

하지만 오늘 골프의 실질적인 위너(Winner)는 진정한 '스코어' 관리를 잘한 이 사장이다. 오늘 골프 모임은 이 사장을 위해 김 상무가 주선한 비즈니스 골프였던 것이다. 이 사장은 돈은 잃었지만 비즈니스에서 큰 성과를 얻었다. 결국 네 사람 모두 만족한 경기를 했다.

Score Card

Hole	Mountain Course			김석산	박영두	최세형	이충상
	Meter	Par	Stroke		Date		
1	392	4	3	5	5	4	5
2	380	4	4	4	4	5	5
3	125	3	8	5	4	4	3
4	457	5	12	7	6	5	5
5	334	4	14	4	4	4	3
6	467	5	6	5	5	6	8
7	128	3	16	5	5	4	3
8	330	4	18	4	5	5	6
9	347	4	10	5	6	5	5
Out	2960	36	0	44	44	42	43
	River Course						
10	476	4	3	5	4	5	5
11	400	4	13	5	6	5	5
12	167	3	7	4	5	2	4
13	450	5	17	6	5	7	6
14	380	4	15	5	5	5	4
15	160	3	9	4	4	4	4
16	500	5	1	5	6	6	5
17	320	4	5	5	5	5	6
18	380	4	11	4	6	5	5
In	3233	36	0	43	46	44	44
Total	6193	72	0	87	90	86	87
HDCP				17	22	17	15
Net				70	68	69	72

> 골프를 치지 않는 사람들은 때때로 어떻게 어른들이 작은 공을 치고, 그것을 쫓아가고, 땅바닥에 있는 구멍에 밀어 넣지 못하면 화를 내냐고 물어 본다. 그 답은 간단하다. 골프란 잘하기가 가장 어렵고, 속이기가 가장 쉽고, 못해도 가장 재미있는 게임이며, 또한 잘 안 되니까 재미있고 자꾸 하고 싶어지는 운동이기 때문이다.
>
> 골프는 우리에게 예절 바른 너그러움, 배우고자 하는 향상심 그리고 두려움 없는 대담함이 무엇인지 가르쳐 준다. 처음 출발할 때는 기대(期待)로 부풀었다가 플레이 중에는 절망(絶望)을 맛보고 후회(後悔)로 끝내는 것이 바로 골프다.

네 사람은 라커 룸에서 옷을 벗고 목욕탕으로 들어갔다. 라운드가 끝나고 뜨거운 탕 속에 몸을 맡기면 모든 피로가 다 사라진다. 이것은 오로지 우리나라와 일본 등에서만 맛볼 수 있는 여유이다.

최 교수가 탕 속에서 몸을 풀고 있는데, 박 회장이 탕 속으로 들어왔다.

"최 교수님, 내기 골프에서 과도한 손실을 보지 않고 골프를 즐기는 방법이 뭡니까?"

박 회장은 좀처럼 돈을 잃지 않는 최 교수에게 물었다.

"그거야 간단하지요. 우선, 자신의 실력을 과대평가하지 말아야 합니다. 그리고, 자신보다 실력이 좋은 골퍼를 이기려고 하지 말아야 하지요. 동반자 중에서 자신의 골프 실력이 가장 뛰어나다면 자발적으로 내기 금액의 액수를 낮추어 제시해야 합니다. 마지막으로 자신의 실력이 어떻건 그 실력만큼만 발휘하겠다고 생각하면 되지요."

최 교수는 조목조목 설명을 했다. 박 회장은 저렇게 이론이 밝고 치밀하게 계획된 골프를 하는 최 교수가 부럽기도 했지만 한편으로는 무서웠다. 두 사람이 탕 속에서 이야기를 하는 것을 보고 김 상무가 탕 속으로 들어왔다.

"어이, 시원하다. 그런데 무슨 이야기를 그렇게 진지하게 하십니까?"

"지금 최 교수께 돈을 잃지 않는 방법에 대해 한 수 지도를 받았지요."

박 회장이 그간의 상황을 설명했다.

"그래요? 저도 한 수 가르쳐 주시지요, 최 교수님."

"잘 나가시는 김 상무가 무슨 문제가 있나요?"

최 교수가 순순히 김 상무의 요구에 응했다.

"제가 말입니다, 지금 슬럼프에 빠져 있는 것 같거든요. 지난 시즌에는 연이어 90타 이하를 쳤고, 생전 처음 83을 치기도 했어요. 그런데 금년에는 90타를 유지하기도 힘듭니다. 그래서 최후의 수단을 썼지요. 50만 원짜리 드라이버를 사고, 골프 교본을 탐독하고, 비디오를 보고, 연습장에서 수없이 공을 때렸죠. 심지어는 교회에 가서 기도도 했지만 별 진전이 없네요."

최 교수는 김 상무의 넋두리를 듣고 나서 빙긋이 웃으며 말했다.

"한동안 공을 치지 말고 스윙궤도를 연구하세요. 처음에는 슬로 모션으로 시작해 서서히 속도를 늘리십시오. 스윙을 잠재의식에 입력하세요. 그리고는 그냥 일단 좀 쉬세요. 무리하시지 말고요."

목욕탕에서의 원 포인트 레슨이 끝났다.

더 멀리 나가는 드라이브 샷, 낮은 타수, 유연한 스윙, 퍼트 수 줄이기, 깔끔한 칩 샷, 정확한 어깨 회전, 충분한 백 스윙, 유연한 그립 잡기, 더 능숙한 체중 이동, 높은 피치, 서두르지 않는 테이크 어웨이, 더 높은 샌드 세이브, 더 많은 우승, 더 높은 그린 인 레귤레이션, 더 높은 페어웨이 안착률 그리고 신이 허락한다면 더 늙기 전에 최소한 한 번의 홀인원!

이와 같은 골퍼들의 영원한 꿈과 숙제는 계속될 것이다.

그늘집 특강 4 골프에서 배우는 경영

비즈니스는
균형(Balance)이다

넘치는 모든 것을 덜어내고, 왜곡된 모든 것을 곧게 펴고, 모든 암울
함을 밝히고, 하나의 선명한 아름다움을 만드는 일에 힘쓰자.

– 플로티누스 '에네아즈'

골프 스코어를 향상시키기 위한 골퍼의 노력은 경영 성과를 개선하고자 하는 경영자의 노력과 시스템적으로 동일하다. 골프 잘 치는 비결과 경영을 비교하면, 잘 친다는 것은 매출 증대이고, 미스를 줄이는 것은 비용관리이다. 그 결과 골프는 승리를 쟁취하고, 경영은 좋은 경영 성과를 올린다.

비즈니스는 달리는 버스와 같다. 좋은 방향으로 관성이 생기면 계속해서 옳은 쪽으로 굴러가게 마련이다. 경영자가 할 일은 길을 닦고 바퀴가 계속 굴러 가도록 유도하는 것이다.

바로 이것이 경영관리(Management)이다.

피터 드러커(Peter Drucker)는 조직에서 저절로 발생하는 유일한 것은 무질서와 마찰, 기능장애뿐이라고 했다. 조직의 관리가 필요하다는 의미이다. 비즈니스에는 큰 비전도 중요하지만 세밀한 관리도 그것에 못지않게 중요하다. 작은 한 바늘(관리)이 나중에 열 바늘(손실)을 줄일 수 있고, 또 작은 구멍 하나(위험관리)가 큰 댐(회사)을 붕괴시킬 수도 있기 때문이다.

비즈니스에서는 100-1=99가 아니라 0이다. 사소한 실수 하나가 전체를 무너뜨리기 때문이다. 비즈니스 세계에서는 작은 차이가 큰 결과로 나타난다. 관리는 문제를 밝혀내고 일을 순리대로 흘러가도록 조정하고 바로 잡는 것이다. 문제가 누구에 의해 야기된 것인지를 밝히고 질책하는 것이 아니다. 완벽한 골프 스윙을 익히는 것과 같다.

스윙을 제대로 하려면 지켜야 할 수칙이 17가지가 있다. 그 수칙 하나하나는 아주 쉽다. 모든 게 사실 간단하지만, 어려운 것은 17가지를 실시간으로 동시에 해야 한다는 것이다. 모든 기능이 균형 있게 조화를 이루어야 좋은 샷이 나오는 것이다. 뿐만 아니라 좋은 스코어를 내기 위해서는 장비 관리와 코스 관리가 모두 균형 있게 이루어져야 한다.

골프에 사용되는 각종 장비는 경영의 조직 시스템과 같은 역할을 한다. 클럽이 제대로 맞아 주어야 골프 성적이 좋게 나오듯 조직의 기능이 맡은 바 임무를 잘 해 주어야만 경영 성과가 좋게 나온다.

2002년 타이거 우즈(Tiger Woods)가 세인트 앤듀르스의 17번 로드 홀에서 항아리 벙커를 피하는 전략으로 전영 오픈(The Open)에 우승을 했다. 반면 전날까지 선두였던 데이비드 듀발(David Duval)은 그곳에서 4타를 잃어 우승을 놓쳤다. 이는 실력보다는 코스 관리를 잘못한 결과이다.

경영자의 직무는 목적을 설정하고, 조직화하며, 동기를 부여하고, 의사소통하고, 평가하며, 사람들을 발전시키고, 자기 스스로도 발전해야 한다. 모든 기능이 균형을 이루었을 때 경영은 이루어진다.

기업 가치를 극대화 하는 재무 관리와 직원의 힘을 이끌어 내는 인사 관리가 균형 있게 조화를 이루어야 한다. 어느 한쪽에만 치중하다 보면 한쪽으로 기울어져 도산을 하게 된다.

골프는 멀리 보는 독수리의 눈과 바로 앞을 보는 곤충의 눈을 갖고 있어야 한다.

비즈니스도 시장의 흐름을 보는 망원경과 미세한 움직임을 보는 현미경을 동시에 갖고 경영을 해야 한다. 비즈니스의 핵심은 경영자의 균형 있는 관리(Management)이다.

디지털 시대 경영자의 덕목

- 느림을 확보하라.
- 상상력으로 승부하라.
- 차이를 드러내라.
- 느낌을 존중하라.
- 낯선 것과 마주침을 즐겨라.
- 감각의 레퍼런스를 키워라.
- 감각의 놀이터에서 변화와 놀아라.

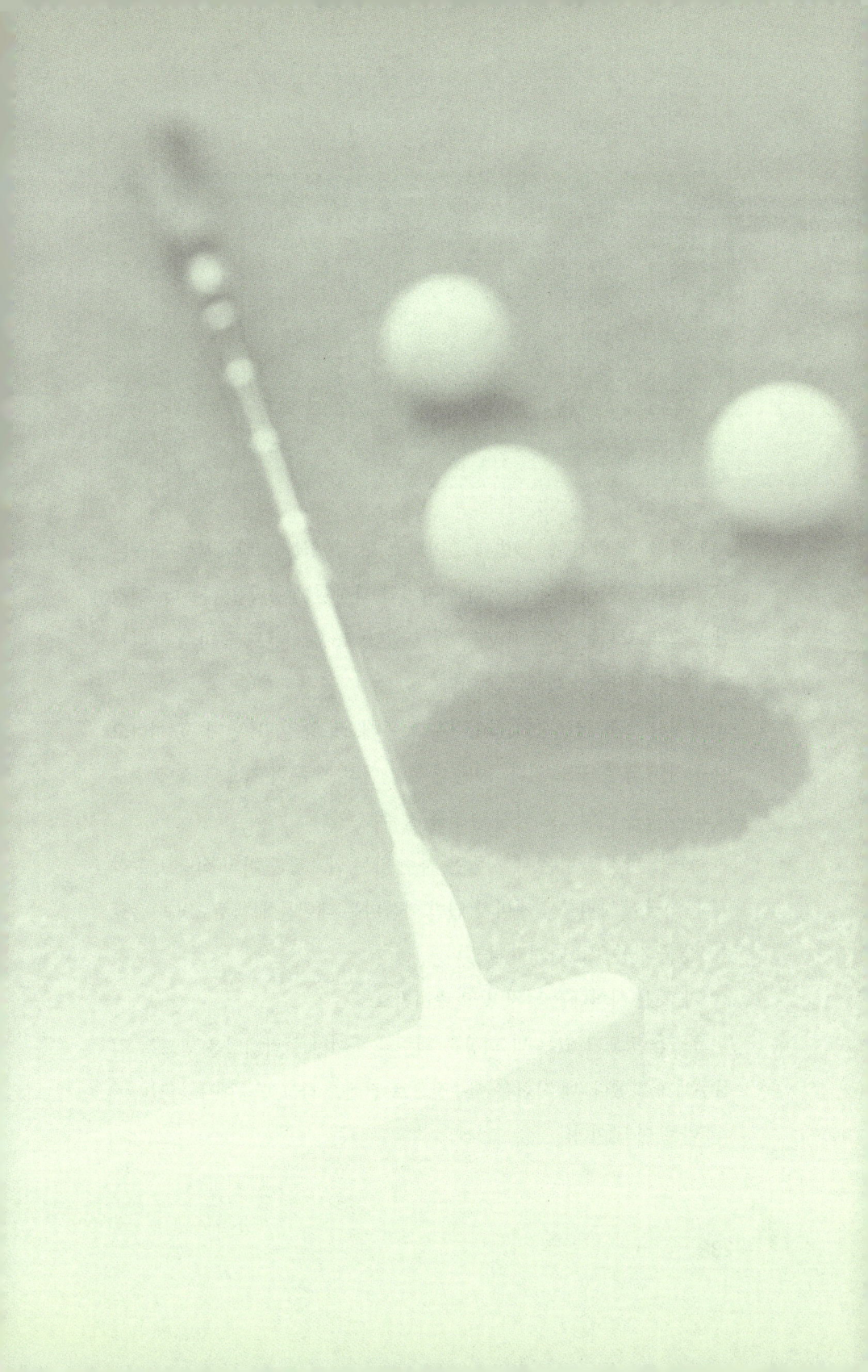

에필로그

19번 홀에서 – 뒤풀이

　18홀을 다 마친 후 19번째 홀이라고 할 수 있는 식당에서 골퍼들은 그날 라운드에 대한 이런 저런 이야기와 과장된 성공담을 나눈다. 진정한 골프의 묘미는 바로 19번째 홀에 있다. 18홀 라운드를 마치고 나서 모이는 식사자리가 바로 그것이다.

　그래서 일부 골프장의 클럽하우스는 레스토랑을 '19번째 홀'이라고 이름 지어 놓은 곳도 있다. 19번 홀은 간단히 맥주 한 잔으로 끝날 수도 있고, 새로운 게임으로 다시 승부를 걸 수도 있다.

　목욕을 마치고 나온 네 사람은 자주 가는 골프장 근처의 식당으로 향했다. 식당에 자리를 잡자마자 연변 아줌마는 테이블에 맥주 2병과 음료수 1병을 자동으로 가져다 놓았다.

　"제 것은 사이다를 넣지 말고 주시지요."

　요즈음 당뇨가 있는 박 회장은 맥주와 사이다로 칵테일을 만드는 김 상무에게 말했다. 네 사람은 맥주잔으로 건배를 하고 단숨에 들이켰다.

　"바로 이 맛이야."

"고기 3인분 하고 청국장 정식으로."

김 상무는 거의 자동으로 주문을 했다. 18홀의 골프를 즐기는 골퍼들은 누구나 라운드를 끝내고는 항상 강평의 시간을 가진다. 이 역시 골프 라운딩의 한 부분이다.

"아니, 몇 달 안 보는 사이에 실력이 그리 늘었습니까?"

이 모임의 주선자인 김 상무가 박 회장에 대한 칭찬 아닌 견제를 하며 강평은 시작되었다. 사실 박 회장의 실력은 겨울을 나면서 무척 좋아졌다. 대부분 골퍼들은 동계 훈련이라고 해 드라이빙 레인지(Driving range)를 찾는다. 하지만 박 회장은 이번 겨울에는 드라이빙 레인지보다 스크린 골프장을 즐겨 찾았다. 요즈음 유행하는 스크린 골프로 실전 감각을 많이 익히기 위해서였는데 효과가 있었다.

그동안 박 회장은 샷은 좋았으나 코스 공략 전략이 좋지 않아 한 번도 보기 플레이를 해보지 못 했었다. 하지만 스크린 골프를 통해 홀 공략 전략을 익힌 덕분에 치명적인 실수 즉 트리플 보기 이상을 한 번도 하지 않고 잘 막아 90을 쳤다. 골프는 기본 스윙 연습도 중요하지만 코스 공략 전략도 그에 못지않게 중요한 것이다.

"아니 뭘요, 김 상무야말로 엄청 느셨는데요."

"제가 뭘요, 오늘 겨우 보기 플레이를 면했는데요."

김 상무는 오늘 평소 실력보다 잘 쳤지만 조금 아쉬움이 남는 기록이었다.

"이번에는 OB도 안 하고, 트리플도 한 번 안 하고, 예전의 김 상무가 아닙니다. 그러다 곧 싱글 되겠어요."

"칭찬으로 알아듣겠습니다. 감사합니다, 회장님."

박 회장은 칭찬을 빙자한 야지를 놓았다. 덕담으로 좌중은 화기애애하지만 이렇게 비수를 품은 말도 던지곤 한다.

"프로 선수들을 보면 아주 쉽게 그리고 부드럽게 칩니다. 그리고 온 힘을 쏟아내는 스윙이 아니라 가볍게 슬쩍 치는 리랙스(Relax)한 스윙이더라구요. 나도 스윙할 때 아주 조금만 바꿔 보려고 하는데 전체 스윙을 망칠 것 같아 엄두가 안 납니다."

가장 실력이 좋은 이 사장이 엄살을 떨었다. 그러자 최 교수가 특유의 골프 강의를 시작했다.

"스코틀랜드에는 골프를 하는 데 있어서 개구리 이상의 두뇌가 필요치 않다는 속담이 있지요. 개구리는 조건반사적으로 똑같은 거리를 뛰는 것뿐, 한 번 점프하면 공중에서 방향을 바꿀 수 없습니다. 골프도 한 번 클럽을 휘감았으면 그대로 내리칠 수 밖에 없지요. 본인에게 맞는 스윙이 아니면 안 됩니다. 체격과 자기 힘에 맞아야 하지요. 스윙하는 사람의 몸 조건이 다르면 스윙도 달라지는 것이 당연한 이야기지요. 따라서 프로선수와 같은 스윙을 하겠다고 생각하면 큰 잘못입니다."

쓸데없이 유명 프로를 흉내내는 것보다는 자기만의 스윙을 개발하는 편이 좋다는 뜻이다.

"배움은 흐름을 거슬러서 노를 젓는 것과 같은 게지요. 노 젓기를 중단하자마자 뒤로 떠내려갑니다. 그러니 꾸준히 연습하고 코치도 받으셔야 됩니다. 그리고 꼭 기술만 중요한 게 아닙니다. 내면으로부터 배우면, 배우는 사람이 기술적으로 어느 부분에 문제가 있는지 전혀 몰라도 기술이 크게 개선될 수가 있지요."

최 교수는 기술 습득도 중요하지만 먼저 미음을 다스려야 한다고 강조했다.

"우리 골퍼들이 해야 할 일이라고는 다만 마음을 단련하고, 생각과 감정을 충분히 통제할 수 있도록 많은 훈련을 하는 거지요. 그래서 언제나 최상의 조건을 끌어내고, 의심과 두려움의 순간을 피하는 겁니다. 그렇게만 할 수 있으면 승리란 쉬워지지요. 골프게임을 정복하는 것은 자신의 마음을 정복하는 것에 비하면 아무 것도 아니지요."

최 교수는 강의하듯이 강평을 마무리했다. 어느 정도 골프 강평이 마무리 되자, 화제는 자연스럽게 현재 시국에 대한 것으로 바뀌었다. 고기를 구우면서 이런저런 세상사를 주고받았다. 서로 도움이 될 만한 좋은 정보들이 오갔다.

"그래, 이번 미국발 금융위기는 어떻게 마무리 될 것 같습니까?"

중소기업을 하는 박 회장이 김 상무에게 물었다.

"만만치 않을 것 같은데, 적어도 몇 년은 영향이 있지 않을까요? 그러니 회장님도 자금을 미리 마련해 두는 것이 좋을 겁니다."

서로에게 유익한 정보를 교환하면서 식사를 즐긴다. 식사가 끝나갈 무렵, 김 상무가 슬슬 바람을 잡았다.

"모처럼 만났는데 한 판 때릴까요? 지금 나가면 고속도로에 차가 막힐 테고 아까 잃은 것 벌충도 하셔야지요."

잠자코 있던 최 교수가 김 상무를 말렸다.

"미안합니다. 내일 세미나 출장이라서 오늘은 조금 일찍 들어가야 하니 다음 번에 하도록 하지요"

"그러시죠, 다음에 한 판 두들기지 뭐."

박 회장도 거들고 나섰다.

"자, 그러면 다음 달에 만나도록 하지요. 그때는 한 판 두들기는 겁니다."

김 상무가 마무리를 했다. 모두들 자리에서 일어나 주차장으로 나갔다.

파트너에게 지속적으로 강한 인상을 심어 주기 위해 라운딩을 끝마친 시점에 작별인사를 하는 순간까지 마음을 놓아서는 안 된다.

"조심해서 돌아가십시오."

김 상무가 박 회장에게 작별인사를 했다.

"이 사장님, 조만간 연락을 드리겠습니다. 저희 사무실에 한번 들러 주시지요."

박 회장은 이 사장과 악수를 하면서 말했다.

"예, 언제든 연락만 주십시오. 바로 찾아뵙겠습니다. 살펴가세요, 회장님."

이 사장은 박 회장에게 깍듯하게 인사를 하고 차에 오르기 전에 김 상무에게 엄지손가락을 세우고 찡긋 했다. 사실 오늘 골프 모임은 이 사장을 위한 것이었다. 김 상무는 오늘 비즈니스 골프가 성공리에 끝난 것을 감지했다. 김 상무와 최 교수도 차에 올랐다.

오늘 19홀이 뒤풀이 없이 싱겁게 끝났지만, 참석자들은 이 모임을 좋아해 반드시 참석한다. 좋은 매너에 겸손하고 격식도 안 따지고 누구와도 잘 어울리면서 좋은 실력까지 갖추었다면 누구든 최상의 골프 파트너가 될 수 있다.

골프는 준비, 내기, 좋은 홀과 나쁜 홀, 감자 칩 안주와 맥주, 세상 돌아가는 이야기, 샤워와 깨끗한 옷 등으로 이루어진 완전한 과정이다. 이 모든 것이 합쳐져 골프 치는 하루를 만들어 내고, 그 모든 것을 완전히 즐겨야 한다. 골프는 모두에게 여유를 주고, 잘 참아 주며, 법이 정한 범위 내에서 다양한 각도로 일을 조종하고 어떤 경우에도 신뢰를 유지해 준다.

자, 주말 골퍼 여러분! 골프를 끝내고 다른 사람의 조롱을 마시겠습니까? 아니면 시원한 맥주를 마시겠습니까? 언제나 시원한 맥주를 택하도록 노력하십시오!

비즈니스 골프

프로선수는 우승을 노리며 상금을 위해 골프를 하고 아마추어들은 건강과 취미생활을 위해 골프를 즐긴다. 하지만 비즈니스 골프의 목적은 고객과 유대관계를 가지며, 의사소통을 통해 비즈니스 수익성을 높이는 것이다.

비즈니스 골프는 사업 파트너와 잠재 고객 또는 고객과의 관계를 친밀하게 유지하고 지속적으로 발전시키기 위한 특별한 목적을 가지고 행해지는 골프이다.

비즈니스 골프는 비즈니스의 연장이다. 골프 게임을 거쳐 일을 진일보시키기 위해서는 코스 전략 이상의 노력이 필요하다. 따라서 플레이를 할 때에는 이기심을 버리고 모든 관심을 상대방에게 집중시켜야 한다. 스코어가 아닌 고객에게 관심을 집중해야 한다. 비즈니스 골프의 기본은 파트너가 가장 편안한 상태에서 오랫동안 기억에 남을 수 있는 플레이를 하도록 만드는 것이다. 물론 거기에는 목적이 있어야 한다.

첫째, 초대한 고객이 당신의 궁극적인 목표를 성취할 수 있게 도와줄 바로 그 사람인가?

둘째, 골프 라운드를 고객에게 좋은 추억으로 남게 하려면 어떻게 해야 하는가?

마지막으로, 결정적인 순간에 그가 당신에게 유리한 조건을 제시할 수 있게 만들려면 어떻게 해야 하는가?

　골프의 어떤 점이 이처럼 훌륭한 사업발전의 도구가 되게 하는 것일까? 답은 간단하다.
　어떤 스포츠, 어떤 다른 활동도 골프처럼 멋진 분위기에서 파트너와 여유로운 시간을 보낼 수 있도록 할 수 없기 때문이다. 건전한 운동을 하면서 장시간 대화의 장을 가질 수 있는 골프를 잘만 활용한다면 어느 누구와도 좋은 관계를 맺을 수 있다.
　골프는 사업관계를 발전시키는 최고의 수단이라고 할 수 있다. 골프장에서의 사업수완이란 고객이 좀 더 즐거운 라운드를 할 수 있도록 가능한 한 모든 배려를 다하는 것이다. 라운드가 있는 날, 당신은 일인다역의 배우가 되어야 한다.
　당신은 그를 초대한 호스트(Host)지만 때에 따라서는 캐디나 웨이터 노릇도 해야 하며, 동시에 대자연을 탐험하는 동료가 되어 주기도 해야 한다.
　비즈니스 골프에서의 철저한 준비는 실제 라운드보다 더 중요하다. 고객에게 줄 선물은 종류가 무엇이든 최고의 것을 준비해야 한다. 그리고 가장 먼저 골프장에 도착해 있어야 한다. 잠재적인 비즈니스 관계를 맺기 위해서는 상대방을 기다리는 사람이 유리한 입장에 있다고 할 수 있다. 준비가 다르면 결과도 다르다.
　비즈니스 골프 라운딩에서 반드시 지켜야 할 원칙이 하나 있다. 4번 홀 이전과 18번 홀, 그리고 19번 홀(뒤풀이)에서는 비즈니스에 관한 이야기를 하지 말라는 것이다. 5홀 이후에서 16홀 사이에 사업에 대한 정보만 공유하도록 해야 한다. 또 라운딩이 끝나고 한 달 이상이 지난 후에 그 라운딩과 관련해 사업 이야기를 하는 것도 좋지 않다. 중요한 것은, 골프 모임에 의해 자연스러운 기회가 발생할 수 있을 때까지 기다리는 것이다.

비즈니스의 성공을 위해 골프 라운드를 끝낸 후 한 가지 해야 할 일이 있다. 그것은 고객의 특기사항을 포함하여 인간관계의 세부사항과 뒷마무리에 필요한 정보를 일지에 적는 것이다. 일지에는 라운드를 한 날짜와 장소 같은 기본사항이 포함되어야 하며, 고객의 핸디캡이나 심지어 그가 사용한 클럽의 종류와 골프공, 골프장 회원권에 대한 정보까지도 기재되어야 한다. 또 일지에는 라운드 전에 당신이 의도했던 목표도 나타나 있어야 한다.

비즈니스 골프는 라운드가 다 끝난 후 상대가 "오늘은 정말 즐거웠어!"라는 생각이 들도록 만들어야 한다. 우리가 인생의 끝을 맞이했을 때 자신의 삶에 만족하기를 바라는 것처럼.

▌비즈니스 골프에서 이기는 방법 - 빌 스토러 'Golf.com'

1. 현명하게 파트너를 골라라. - 경쟁자와 파트너가 되라.

2. 팽팽한 게임이 되게 하라. - 혼내 주지 말되 져 주지도 말라.

3. 5번 홀 이전 15번 홀 이후 사업이야기를 꺼내지 말라.

4. 지연 플레이 하지 마라.

5. 상대의 스타일을 파악하라. - 파트너가 대접받기를 바라는 대로 행동하라.

6. 술에 취하지 말라.

7. 목표를 구체적으로 정하라.

8. 18번 홀에서 승부를 내지 말고 20번 홀을 준비하라. - 19홀 : 식사, 20번 홀 : 감사 편지